„Single" – Geheimnis erfüllten Alleinseins

Verstecktes Leid oder erfülltes Leben
trotz unerfüllter Wünsche?

Maria Prügl

Be&Be

Heiligenkreuz 2019
www.bebeverlag.at
ISBN 978-3-903118-80-5

INHALT

VORWEG ...

Es war einmal ...

Ich war siebzehn und hatte sehr konkrete Pläne für
mein Leben: Beruf erlernen und dann heiraten. Es
war die Zeit der Bälle und so ging ich mit Freunden
zum Pfarrball in den Nachbarort. Da sah ich *ihn*, er
saß mit einigen jungen Leuten am Nachbarstisch.
Es war die sprichwörtliche Liebe auf den ersten
Blick, jugendlich scheu und mit verhaltenem Stolz.
Er holte mich zum Tanz. Und, ja, es folgte eine Zeit
der verzauberten, jungen, schönen Liebe. Man traf
sich damals nur einmal in der Woche, am Sonntag.
Schnell schienen wir füreinander bestimmt zu
sein, nach meiner Einschätzung jedenfalls. Nach
etwa einem halben Jahr kam er plötzlich nicht
mehr, ohne Erklärung und ohne Abschied. Dann
erfuhr ich, dass er geheiratet hatte. Mein Kummer
war groß und tief, aber das Leben ging weiter und
so begann ich die Ausbildung zur Diplomkranken-
schwester in Linz. Vier Jahre später kam ich nach
Zürich und so in die weite Welt hinaus. Hin und

wieder erhielt ich über meine Geschwister einen
Gruß von ihm.

... ein später Frühling

Nach mehr als vierzig Jahren sind wir uns wieder
begegnet unter ganz anderen Umständen. Es war
im Frühling 2013, ich war zu Besuch bei meiner
Familie. Da klingelte das Telefon, eine Männer-
stimme stellte sich vor. In einem kurzen Augenblick zogen Jahrzehnte an meinem geistigen Auge
vorüber. Am anderen Ende der Leitung, nur sechs
Kilometer entfernt, hörte ich die Stimme meiner
Jugendliebe. Seine Frau, so stammelte er, sei vor wenigen Monaten an einem Gehirntumor gestorben.
Er trage den Gedanken seither mit sich, mich anzu-
rufen. Wir trafen uns und erlebten einige Monate
wie Märchen. Die Liebe schien auf beiden Seiten
überlebt zu haben, immerhin war ich fünfund-
sechzig und er wenige Jahre mehr. Nun erfuhr ich
Hintergründe seiner damaligen Reaktion, dass er
eine feste Freundin hatte, dass sie in Krise waren
und sich zur Abklärung getrennt hatten. In dieses
Vakuum fiel meine Zeit mit ihm. Im Nachhinein

erinnere ich mich, dass seine Freundin und spätere Frau irgendwie Kontakt zu mir suchte, aber ich wusste die Hintergründe nicht. Vermutlich wollte sie ihren Freund zurückgewinnen.

Jetzt diese Überraschung! Trotz des damaligen unverzeihlichen Benehmens machte ich ihm keine Vorwürfe, war ich doch zufrieden mit meinem Leben, alles war gut geworden. Dank der wunderbaren Vorsehung Gottes, der zuverlässigen Navigation, war ich erfüllt und dankbar. Nun war eine neue Situation, eine Entscheidung füreinander schien so einfach und nah zu sein: Er war Witwer, ich unverheiratet und frei. Wie es weiterging und ob man im frühen oder späteren Alter noch heiraten soll, diese Fragen begleitet das Buch.

Einführung

Allein leben lernen

Das war mir wahrlich nicht in die Wiege gelegt, komme ich doch aus einer großen Familie und wollte auch selbst eine solche gründen. Nachdem mein älterer Bruder studieren durfte und Priester wurde, nahm ich seine Stelle ein und damit Verantwortung in Haus, Hof und Familie. Eine gute Schule für das Leben. Zu dieser Zeit hatte man allgemein eine klare Reihenfolge der Biografie: Schule, Beruf und heiraten. Doch es kam ganz anders.

Erfülltes Leben trotz ...

Unfreiwillig Single – dieses Thema betrifft viel mehr Menschen als man denkt und viele verstecken ihr Leid. Diesen Schmerz kenne ich, habe ihn redlich durchlitten, bin jedoch daran gewachsen und hoffentlich gereift. Manche meinen, man könne mir „Erfülltes Leben trotz unerfüllter Wünsche nach Ehe und Familie" ansehen. Als solche wurde ich in den späteren Jahren immer wieder zu Interviews, Kongressen und Seminaren eingeladen. Bei Seminaren konnte man im Plenum austauschen, das brachte manchen Reichtum zutage. Eine Frucht davon ist dieses Buch. Den einzelnen Kapiteln sind deshalb jeweils Fragen zur persönlichen Reflexion nachgestellt.

Die Liebe nicht gefunden

Die Sehnsucht nach Ehe und Familie ist universal und entstammt dem tiefen inneren Wissen vom verlorenen Paradies. Die meisten Menschen möchten heiraten und eine Familie gründen, gut und richtig so. Viele der unfreiwilligen Singles sind unglücklich, manche von ihnen ihr Leben lang. Die nicht erfüllte Sehnsucht ist ein verstecktes Leid. Betroffene fragen sich wiederholt: Warum wurde ich nicht gefunden, bin ich etwa der Liebe nicht wert? Habe ich es durch eigene Schuld verursacht? Es ist ein langer, anstrengender Weg, das *Übrigbleiben* nicht als dauerhaftes Unglück anzusehen, sondern erfülltes Leben zu finden trotz unerfüllter Wünsche.

Singles und Selbstwertgefühl

Hoffentlich haben Sie die große Liebe erlebt, hoffentlich! Es ist besser, an Liebeskummer gelitten, als diese existenzielle Erfahrung nicht erlebt zu haben. Es braucht Mut, den Schmerz zuzulassen, ihn nicht zu verdrängen durch Ablenkungen. Es braucht Beharrlichkeit, die Frage der persönlichen Berufung immer wieder vor Gott auszubreiten. Eine gelungene Entfaltung zum erfüllten Leben geht nicht automatisch vor sich. Fehlentwicklungen bleiben nicht aus, bei Verheirateten wie Unverheirateten. Das reicht vom egoistischen bis zum ewig traurigen Single, vom sich Leidsehen am Glück der Liebenden bis zum irgendwie verkorksten Leben eines *nicht verheirateten Menschen*, der angeblich von der Liebe keine Ahnung hat. Von Liebe keine Ahnung? Mmmm…, ein hartnäckiger Irrtum! Jeder Mensch, natürlich auch der Nichtverheiratete, trägt Romeo und Julias Sehnsucht im Herzen. Die Auseinandersetzung mit diesen quälenden Fragen stellt das Selbstwertgefühl wiederholt auf die Probe.

„Größer als alle Schiffbrüche ..."

Für das eigene Leben einen Plan zu überlegen, ist wichtig, sowohl was Beruf als auch Lebensstand betrifft. Für Christen kommt eine wichtige Frage dazu: Was ist der Plan Gottes in meinem Leben? Was, wenn sich erweist, dass mein Plan im Gegensatz zu Gottes Vorsehung steht? Wo finde ich den roten Faden im Webestück meines Lebens auch nach falschen Entscheidungen? „Gottes Liebesplan ist größer ist als alle Schiffbrüche" sagte Benedikt XVI. in seiner Predigt, Paulus auslegend, der entgegen seinen Plänen auf der Insel Malta strandete und nicht glaubte, dass es gut sei, wie es gekommen war (Apostelgeschichte Kap. 27–28). Aus diesem etwa drei Monate dauernden Aufenthalt des Apostels um das Jahr 60 n. Chr., ging eine festgefügte Christengemeinde hervor. Die Geschichte dieser Insel ist eine der großen Erfolge des Christentums und alles begann mit einem Schiffbruch! *(Pastoralbesuch Malta, 18. April 2010).* Wir dürfen der Vorsehung Gottes unsere Schiffbrüche anvertrauen, die alles zum Guten wenden kann. Unser Leben lässt sich im Rückblick oft besser verstehen als im aktuellen Augenblick. Viele Stationen und Wege sind wie in

Nebel gehüllt und man kann nur den nächsten Schritt erkennen und mutig gehen.

Gehen Sie es entspannt an ...

In diesem Buch sind viele Erfahrungen zusammengetragen, die einerseits allgemeine Gültigkeit haben, andererseits Singles im Besonderen betreffen. Das eine oder andere wird hilfreich sein, das andere soll einfach durch den Rost fallen. Wählen Sie aus, weniger ist oft mehr. Im ehrlichen Suchen finden Sie Antworten auf Ihre Fragen, wenn Sie sich ihnen stellen ohne auszuweichen. Das Thema betrifft viele, ist aktuell und wird es in Zukunft mehr noch werden.

Keine Gendersprache

In diesem Buch ist aus persönlicher Überzeugung und pragmatischen Gründen der Lesbarkeit stets die männliche Sprachform gewählt worden, wofür ich die Leser um Verständnis bitte. Ich ziehe die einfache Sprache der zwar korrekten, aber unübersichtlichen vor.

1. Singles – verstecktes Leid?

Ein Single ist *kein* Einzelgänger
und manch Verheirateter *ist* ein Einsiedler

Singles aus unterschiedlichen Gründen

In früheren Generationen konnten viele aus Armut oder biografischen Gründen nicht heiraten. Die Bezeichnung „Alleinstehend" wurde geprägt und leider oft abfällig gebraucht. Dieses Lebensmodell, durchaus auch mehr oder weniger freiwillig gewählt, wurde und wird wohl oft falsch eingeschätzt. Nicht wenige von ihnen scheinen durchaus zufrieden zu sein. Dann gibt es die vorehelichen, also zeitlich begrenzten Singles. Schließlich die verwitweten und heute die vielen getrennten oder geschiedenen „Ehesingles".

Im Gegensatz zu früher ist es heute durchaus modern, sich nicht zu binden und dennoch „gebunden" zu sein. Viele dieser zeitgeistigen Singles benötigen zu ihrer sogenannten Freiheit getrennte Wohnungen, weil sie nicht mehr fähig sind, ein endgültiges Ja zu sagen. Stadtbaumeister und Psychiater sehen jedenfalls immer mehr Single-Haushalte und immer weniger stabile Beziehungen. Jedenfalls weisen städtebauliche Statistiken hin, dass die Wohnungsnot in Städten auch dort eine ihrer Ursachen hat. Manche Menschen sind schlicht zu egoistisch für Ehe und Familie und manche Frauen leben im falsch verstandenen Feminismus.

Freie Entscheidung der Standeswahl

Schließlich gibt es die *unfreiwilligen endgültigen Singles*, so wie ich, sie haben die große Liebe gesucht und nicht gefunden. Von diesen wird in diesem Buch vorwiegend die Rede sein.

Der gesellschaftliche Mainstream ist aktuell auf das Glück zu zweit fixiert, auch wenn viele Ehen heute leider das Gegenteil beweisen. Liegt also der Weg zum Glück wirklich allein in der Ehe? Wenn nicht, wie lässt sich die persönliche Lebensform für den konkreten Menschen finden? Diese zentrale Frage sollte vor der eigentlichen Partnerwahl geprüft werden, um zu erkennen, ob jemand besser zum Alleinleben oder zur Ehe geeignet ist. Für beides braucht es die freie Entscheidung, bei der Eheschließung mit Unterschrift bestätigt.

In der Praxis scheint es oftmals anders abzulaufen. Viele Menschen stolpern in einen bestimmten Stand hinein, ohne sich über die Konsequenzen, die eigenen Fähigkeiten und Unfähigkeiten tatsächlich im Klaren zu sein. Die Ehe oder das Alleinsein werden dann zu einem Notbehelf und nicht zu einem wirklich frei gewählten Lebensstand. Wie soll jemand glücklich werden und andere glücklich machen können, wenn Ehe oder Alleinsein bloß der Not oder einem Zwang entsprungen sind?

Es geht immer um die Liebe ...

„Die ganze Geschichte der Menschheit ist die Geschichte der Sehnsucht nach Liebe, lieben und geliebt werden", fasste der Hl. Johannes Paul II. die Schöpfungsordnung Gottes zusammen. Egal, ob verheiratet oder ledig, es geht immer um die Liebe. Wenn das wahr ist, dann darf im Suchprozess nach der geeigneten Lebensform auch auf die liebevolle Vorsehung unseres himmlischen Vaters vertraut werden. Die meisten von uns kennen aus ihrer Kindheit das Familienleben mit mehr oder weniger Brüchen, sie haben gleichsam ein „Vorbild".

Was nur Wenige wissen und was sich auf jeden Fall kennen zu lernen lohnen würde, ist die Lebensform der Mönche und Ordensleute und zwar aus erster Hand. Dazu rät der bekannte Bestsellerautor Peter Seewald, selbst verheiratet und Familienvater. Er war zu Gast in Monte Cassino, quasi *In der Schule der Mönche* (Titel seines Buches). Er war tief beeindruckt von Leben und Regel des Hl. Benedikt, auch und besonders für den heutigen Menschen. Sie ist modern und zeitlos zugleich.

Deshalb prüfe deinen Stand

*Bist du **noch** ...*

- ledig
- allein und ohne Anker
- übriggeblieben und Einzelgänger?

*... oder **schon** ...*

- allein und doch nicht *alleinstehend*
- ledig im Sinn von frei und ungebunden statt angehängt
- Solo-Player im Sinn von Selbststand statt Alleinstand
- frei für eine große, wichtige Aufgabe bzw. Berufung?
- Überzeugt davon, zur Liebe berufen zu sein, weil es „in der christlichen Offenbarung *zwei besondere Weisen* der vollwertigen Berufung zur Liebe gibt: Ehe und Jungfräulichkeit, es sind die beiden „Sakramente des Dienstes". *(FC11)* Familiaris Consortio Nr. 11

Single-Treff und Konferenzen

Viele Teilnehmer solcher Treffen sind nicht mehr ganz jung, haben bereits schmerzliche Erfahrungen hinter sich, sind verletzt, kompliziert und anspruchsvoll geworden. Sie vergleichen häufig neue mit früheren Freundschaften und oft tragen sie mehr oder weniger große Rucksäcke. Immer noch hoffend fragen sie:

- Warum *habe* ich nicht gefunden? Warum *wurde* ich nicht gefunden?
- Bin ich zu individualistisch?
- Zeitgeistbedingt leiden Männer eher an Narzissmus, Frauen hingegen an Perfektionismus.
- Erschweren verschenkte und verletzte Jugendjahre etwa meine Beziehungen?
- Bin ich innerlich verletzt und brauche Heilung durch Vergebung?
- Kratzt mein Single-sein etwa am Wertgefühl und belastet so die Freiheit?
- Gibt es auch Umwege zum Glück, habe ich Hoffnung auch auf späte Liebe?
- Kann ich meine Berufung auch im Nachhinein finden?
- Wie kann ich ganze Bild meines Lebens in den Blick bekommen?

Wie lange tut es eigentlich so weh?

Das versteckte Leiden schmerzt, dass ich nicht Mutter, Vater, Ehepartner sein kann. Oft werde ich gefragt: Wie lange dauert diese Trauer, diese Schuldgefühle über falsche Entscheidungen und Versäumtes, diese quälende Leere besonders zu Feiertagen? Frauen vermissen anders und mehrfach als Männer, Ehe und Kinder.

Anregungen zum Nachdenken
(auch schriftlich, nur für sich selbst).

- Ich bin nicht verheiratet, was bin ich dann?
- Will ich die große Liebe – immer noch – finden, was kann ich beitragen?
- Wie komme ich vom *Alleinstand* zum *Selbststand*?
- Unfreiwillig Singles. Wie komme ich zum erfüllten Leben?
- Rechne ich mit der göttlichen Vorsehung, der GPS Navigation Gottes?
- Wie finde ich Sinn und Glück meines Freiseins?

2. Hoffnung setzt Zeichen

Wer hofft, lebt anders!
Hoffnung ist mehr als bloß
„positiv denken"!

Wie die große Liebe finden?

Das ist gar nicht so einfach, oft auch Glücksache und wer Pech hat, leidet sein Leben lang darunter. Mehr als 20 Millionen Deutsche sind Singles, in Österreich entsprechend nicht anders. Nicht wenige möchten diesen Zustand lieber heute als morgen ändern. Doch die Möglichkeiten, einen passenden Partner zu finden, sind begrenzt. Wo ist der moderne „Marktplatz von ernsthaft Ehewilligen"? Wo kann man sich zwanglos begegnen und kennenlernen. Es fehlen passende Gelegenheiten der früheren Generationen wie Bälle und Hochzeiten. In der Disco ist es so laut, dass man das eigene Wort kaum mehr hören kann.

Früh anfangen ...

„Als ich zehn Jahre alt war, hat mich Vater auf den Schoß gesetzt und gesagt: Ingrid, fang schon jetzt an, um den richtigen Ehemann zu beten. Achtzehn Jahre habe ich gebetet, mit siebenundzwanzig lernte ich meinen Mann Walter kennen. Bis dahin habe ich gelernt, allein zu leben, was wichtig war für die spätere Ehe und die frühe Witwenschaft. Wenn wir darum bitten, führt uns Gott. Dafür zu beten ist nie zu früh, aber auch nie zu spät!" so I. Trobisch.

Hoffnung festhalten

Augen und Gesicht sind Spiegel der Seele. Bei Singles sprechen sie von Sehnsucht, auch von Resignation und erloschener Hoffnung. Menschlich verständlich, aber nicht einladend und anziehend! Wer will schon mit einem solcherart traurigen Menschen eine Beziehung eingehen? Nichts bleibt definitiv, es kann sich unerwartet und plötzlich ändern. Und, mit der Liebe ist es wie beim Wein: Auch wenn der frühe Wein spritziger ist, die Spätlese ist gelegentlich die Süßeste! Also: Sich nicht gehen lassen, Selbstmitleid ist Gift!

Mehr als bloß positiv denken!

Hoffnung allerdings kann man sich nicht selbst befehlen, noch sie einfach nehmen oder mit aufgekrempelten Ärmeln stemmen. Hoffnung ist ein göttliches Geschenk, um das man täglich neu bitten muss. So wird Hoffnung zur festen Grundhaltung kraftvollen Menschseins. Die Theologie nennt Hoffnung, zusammen mit Glaube und Liebe, göttliche Tugenden. Wie sinnvoll, sie dem Rosenkranzgebet voranzustellen und damit täglich Hoffnung „erwecken".

Hoffnung ist ein helles Licht

„Alles ernsthafte und rechte Tun des Menschen ist Hoffnung im Vollzug. Zunächst in dem Sinn, dass wir dabei unsere kleinen und größeren Hoffnungen voranzubringen versuchen. Diese oder jene Aufgabe lösen, die für den weiteren Weg unseres Lebens wichtig ist. Durch unseren Einsatz beizutragen, dass die Welt ein wenig heller und menschlicher wird und sich so auch Türen in die Zukunft hinein auftun. Aber der tägliche Einsatz für das Weitergehen des eigenen Lebens und für die

Zukunft des Ganzen ermüdet oder schlägt in Fana-
tismus um, wenn uns nicht das Licht jener *großen
Hoffnung* leuchtet, das auch durch Misserfolge im
Kleinen und durch das Scheitern geschichtlicher
Abläufe nicht aufgehoben werden kann."
Mehr dazu: Benedikt XVI.
 in der Enzyklika „Spe salvi" Nr. 35.

Aktuelle Partnermärkte

Wer nicht im Netz ist, ist nicht, heißt es gelegentlich!

Also: Gina, 35, sportbegeistert, sucht ...

- Hilfe bei der Partnervermittlung. Das kostet
  Überwindung, bringt durchaus Erfolg!
- www.kathtreff.org nennt sich das katholische
  Heiratsportal: katholisch, anonym, niveauvoll
  und attraktiv.
- Weitere Christliche Singlebörsen:
  www.christ-sucht-christ.de
  www.gigaherz.net
  www.christenconnection.de

- Die Inserat Möglichkeit nicht prinzipiell ab-
weisen! Gute Freunde von mir haben sich vor
Jahrzehnten so gefunden und sind überzeugend
glücklich bis heute. Die Eltern der Geschwister
Ratzinger fanden sich übrigens auch auf diese
Weise.

**Das Gras ist auf der anderen Seite der Hecke im-
mer grüner.**

Wenn es im Leben anders kommt als geplant: Der
Wunsch nach Ehe und Familie war und ist groß.
Aber was tun, wenn sich nicht einstellt, was man
sich so sehnlich wünscht?

Schlimm war es, als um mich herum plötzlich
alle scheinbar gleichzeitig heirateten und eine
Familie gründeten, einen liebenden Ehemann und
entzückende Kinder hatten. Nach anfänglichen
Kämpfen beschloss ich, mich nicht dem Frust, der
Trauer, der Enttäuschung und dem Fragen nach
dem Warum hinzugeben. Des Weiteren durfte ich
durch Gespräche mit meinen Freundinnen bald
erkennen, dass Ehe und/oder Muttersein sehr wohl
auch sehr herausfordernd sein kann. Eine gute Ehe

ist ein Geschenk, will aber jeden Tag aufs Neue ge-
hegt und gepflegt werden. Kinder sind ein Wunder
der Schöpfung. Sie sind aber ebenso fordernd, Zeit,
Nerven, Aufmerksamkeit, Liebe, ... betreffend. Als
Mutter ist es schwer, sich da einfach mal spontan
auszuklinken – aus dem Familienleben.

Statt dem nach zu jammern, was ich alles nicht
habe (und dem gibt es immer mehr als genug), bin
ich nun unglaublich dankbar für diese Zeit, in der
ich unabhängig bin, nicht ständig auf Familien-
mitglieder Rücksicht nehmen muss, einfach mal
meine Zimmertüre in der WG schließen und

meine Ruhe haben, spontan entscheiden kann, was ich tun will, etc.

Denn ändern kann sich die Situation jederzeit und schnell einmal und dann möchte ich nicht sagen müssen: „Ach, hätte ich die Zeit damals mehr genossen!"

Wales 2015 © Felicitas Speer

Dabei nicht untätig sein ...

- Einfach, unkompliziert und „normal" sein und bleiben.
- Unaufdringlich Signale geben, dass man ernsthaft für die Ehe bereit ist.
- Attraktiv sein in äußerer Erscheinung. Warum nicht Stilberatung? Es gibt wunderbare Moden, aber auch grausliche Entblößungen.
- Strahlende Augen machen, sagt unsere Chorleiterin und fordert immer wieder dazu auf. Tatsächlich, die Gesichter werden schöner. Also strahlen, statt Dauerlächeln!
- Frohes Gesicht und ein offener Blick, den Menschen in die Augen schauen.
- Aufrecht gehen, ja schreiten, wie manche Südländerinnen das gut können.
- Dabei nicht bloß Regeln und Tipps beachten, das Herz muss dabei sein!
- Sich nicht vergraben im Schneckenhaus oder bloß passiv abwarten.
- Auch abseits der eigenen Freundeskreise die Augen offenhalten.
- Liebe ist immer – auch spät und überraschend – möglich.

- Mit der Liebe nicht spielen, sie nicht (wieder) zu spät ernstnehmen.
- Mit „30plus" nicht die jugendlichen Gefühle der „17er" Jahre erwarten.
- Vorbilder suchen – Singles und Eheleute – und von ihnen lernen.
- Wesen und Sein als Frau und Mann entfalten gemäß den Lebensphasen.
- Ganz Frau sein: Gütig, fraulich, offen und dennoch ihren Mann stellend.

Beim Feminismus gibt es zwei Defizite:

- Transparenz = Bezug nach oben, sich in den Raum des Schöpfers stellen. Frauen sind in dieser wichtigen Frage anders begabt als Männer.
- Mütterlichkeit, gehört zum ureigensten Wesen der Frau. Feministinnen verlieren daher die Fähigkeit, andere zu trösten in Kummer und Trauer (*Persönliche Notizen bei H. B. Gerl-Falkovitz.*)
- Zeitlose Männlichkeit kultivieren: Väterlich, sorgend, schützend, führend.
- In Krisen keine Entscheidungen treffen: Nirgends ein- noch austreten, bloß überleben. Die Trauer braucht ihre Zeit und hat auch ihr Ende.

- Bei Freundschaft nicht mehr auf jahrelanges Warten setzen bis ein Antrag kommt. Wenn auf gelegentliches „Anfragen" keine Antwort kommt, ist es Zeit, sich zu verabschieden.
- „Verletzungen innerlich verbrennen lassen", sagt Benedikt XVI. und deutet so den bekannten Spruch: „Beicht' macht leicht!"
- Zeit nutzen zum Lernen, es ist nie zu spät. Das ist und macht interessant für mich und meine Umgebung. Bei Pensionsantritt belegte ich einen Spanisch Sommerkurs an der Uni Pamplona, gut vorbereitet war es herausfordernd und interessant.

Anregungen zum Nachdenken

- Was tut mir am meisten weh am Ledig-sein?
- Hinunterziehende Quellen erkennen, gegensteuern und stopfen.
- Nenne drei Dinge, die du an dir besonders schätzt.
- Was macht eine starke Frau / Mann aus?
- Die Stärken des eigenen Stammbaums entdecken.
- Für welche *nicht eingetroffenen* Dinge bin ich im Rückblick dankbar?

3. Eigenen Wert und Begabungen erkennen

**Mich selbst besser kennen lernen,
um mich zu verschenken an jemand, der
es wert ist und zu mir *passt*.**

Check-up – „den Richtigen" erkennen

Mehr oder weniger lange stellen sich die Menschen Fragen wie: Wer passt zu mir? Wer und wo wird meine zukünftige Braut – mein Bräutigam sein? Vielleicht hast du schon jemand im Blick – oder „ihr habt euch schon gefunden", ihr wollt eure Liebe prüfen und denkt an eine Verlobung? Eines ist sicher: Jene Person, die du einmal heiraten wirst, wird der wichtigste Mensch in deinem Leben sein! Deshalb ist es so bedeutsam, die richtige Entscheidung zu treffen. Überlege folgende Gedanken und stelle dir selbst Fragen wie:

1. Was sind sich Ehepartner gegenseitig?

- Gefährten
- Geliebte
- Eltern ihrer Kinder
- Partner

2. Die Ehe dauert das ganze Leben. Ihr Glück gelingt nicht von selbst, sondern erfordert wahre Liebe und oft auch Anstrengung. Schritte für eine reife Entscheidung sind:

- Persönliche Reife
- Ehrlichkeit
- Vertrauen
- Wachsen im Glauben

3. Was schließt die Ehe ein?

- Die Ehe ist eine untrennbare Gemeinschaft eines Mannes mit einer Frau und Gott – Er ist die Mitte des Bundes.
- Die Gemeinschaft ist ganzheitlich: Geistig, seelisch, leiblich und rechtlich.

- Sie entsteht durch das „Ja-Wort". Zwei Menschen, die sich füreinander entschieden haben, wollen ihre Entscheidung endgültig treffen, ohne sich eine Hintertüre offen zu halten.
- Dauerhaftigkeit: Die Ehe ist unauflöslich und dauert bis zum Tod. Was immer das Leben an Höhen und Tiefen hat, nicht einmal der Gedanke an Scheidung darf Platz haben. Schwierigkeiten tragen zum persönlichen und ehelichen Reifen oft mehr bei, als ein leichtes Leben.
- Treue und Vertrauen sind die Ecksteine der Ehe.
- Einander annehmen: Ehepartner, die sich lieben, sind frei und ganz selbst ohne Eifersucht und Zurückweisung.
- Hingabe: Die Bereitschaft, alle Bereiche des Lebens mit dem Ehepartner zu teilen und hinzugeben, Zeit, Energie, Freunde und sich selbst. Das ist ein Schlüssel zur gelungenen Ehe.
- In die Beziehung investieren: Die Fähigkeit zu lieben, die Beziehung zu pflegen und Probleme anzugehen, erfordert kontinuierliche und sorgfältige Aufmerksamkeit.
- Romantische Liebe und Verliebtheit allein ist keine Basis für die Herausforderungen des Lebens und Liebens.

- Mein Ehepartner kann mir nicht alle Wünsche erfüllen. Echte, wahre Erfüllung kommt von innen, weniger als von außen. Gewisse Einsamkeit bleibt, auch in der glücklichsten Ehe. Nicht ein Mensch, nur Gott kann ein Menschenherz ganz erfüllen und damit die Liebe der Ehepartner „entlasten".
- Beide – Mann und Frau – werden sich in der Ehe stark verändern. Stärken und Schwächen eines Menschen werden in der Ehe mehr und nicht weniger sichtbar. Es ist Illusion, zu glauben, „einer werde den anderen schon erziehen"! Das Sakrament ist „diesbezüglich" kein Zaubermittel!

4. Dich selbst kennen und lieben lernen, ist ein wichtiger Schritt für die Partnerwahl!

- Bewerte dein eigenes Image, ist es positiv oder negativ? Je mehr du dich selbst annehmen gelernt hast, zu dir stehen und sagen kannst: Es ist gut, dass ich da bin, desto fähiger bist du, eine gute Entscheidung zu treffen im Hinblick auf Partnerwahl. Es ist gut für dich und deinen Partner.
- Prüfe deine Gefühle: Die Fähigkeit, deine Gefühle zu kennen und sie auch auszudrücken, ist

wesentlich. Sonst kann Verletzung, Rückzug und Ablehnung resultieren.

- Lass deinen Verstand mitreden: Gefühle allein täuschen, sie wechseln oft mehrmals am Tag. Romantik allein ist ein schlechter Ratgeber! Es ist wichtig, die Fragen der Partnerwahl und Familiengründung auch mit dem Verstand zu prüfen.
- Entdecke deine Interessen und Neigungen: Erkenne und entfalte deine Fähigkeiten und beziehe sie mit ein in die Partnerwahl. Zu große Unterschiede sind nur am Anfang soooo anziehend!

5. Persönlichkeitsentfaltung ist eine ausgezeichnete Vorbereitung auf die Ehe.

- Soziale Fähigkeiten entfalten: Visionen und Pläne für dein Leben überlegen, die soziale Rolle als Mann oder Frau lernen, deine Berufung suchen, Schüchternheit überwinden, viele und gute Gespräche suchen, das bereichert ungemein.
- Deine Interessensgebiete erweitern: Durch Rendezvous und Einladungen kannst du dich weiterer Erfahrungen erfreuen und neue Entdeckungen machen.

- Viele Leute kennenlernen: Jede Verabredung kann eine mögliche Gelegenheit sein, Anteil zu haben an Wissen, und Werten anderer Menschen. Zuhören und reden lernen! Vor allem ist es eine echte Chance, Freundschaften zu entfalten.

6. Faire Beziehungen und klare Verhältnisse bringen heile Ehen, deshalb ...

- Sei ehrlich! Wenn dir jemand zeigt, dass er Interesse hat an einer Beziehung zu dir und einer ernsteren Freundschaft – du aber teilst dieses Interesse nicht – sag es ihm ehrlich. Das ist fair!
- Sei du selbst! Versuche nicht Eindruck zu schinden und lasse dich umgekehrt nicht irritieren oder gar kontrollieren. Dann kann eine Verabredung eine tolle Chance zur Entfaltung der seelisch geistigen Gemeinschaft sein
- Triff eine verantwortliche Entscheidung in Frage der vorehelichen Sexualität: Gottes Plan und Wille ist es, dass Sexualität in die Ehe gehört. Vorehelicher und jugendlicher Geschlechtsverkehr schwächt die Fähigkeit zu echter Liebe. Es kommt zu Schuld, Angst, Selbstwertverlust, Traurigkeit,

Schwangerschaft und Geschlechtskrankheiten usw.

7. Den ganzen Menschen im Auge haben und kennen lernen, schließt ein:

- Herkunft und Hintergründe: Familie, Erziehung, kultureller Hintergrund, Glaube und religiöse Praxis. Paare verschiedener Konfessionen stehen vor besonderen Herausforderungen.
- Die „persönliche" Note: Gegensätze und Unterschiede sind am Anfang sehr anziehend, später können sie Ursache großer Belastungen werden, jedenfalls führen sie nicht automatisch zu glücklichen Ehen.
- Ehe ist mehr als eine Interessensgemeinschaft mit Prioritäten: Werte und Ziele der Ehe umfassen alle Bereiche des Lebens, einschließlich Kinder, Elternschaft, Glaube, Arbeit, Zeit, Beruf und Hoffnung für die Zukunft.
- Geistiges Wachstum und Tiefgang: Tragfähige Beziehungen sind oft von einer lebendigen Beziehung zu Gott getragen.

8. Ist es Verliebtheit oder Liebe?

Unterschied erkennen, bevor man eine Entscheidung füreinander trifft, und wie erkennen?

- *Verliebtheit* ist ein wirkliches, aber unzuverlässiges Gefühl. Was können Gründe sein? Rein körperliche Attraktion, Blindheit für Fehler des Anderen, fehlende Bereitschaft, die unterschiedlichen Werte, Überzeugungen und Ziele zuzugeben. Eine Ehe, die *nur* auf Verliebtheit gründet, hat schlechte Chancen.
- *Liebe* ist ganz anders! Ihre Qualitäten sind: Großherzigkeit, vergeben und verzeihen können, teilen des ganzen Lebens miteinander, erkennen und akzeptieren der Stärken und Schwächen der anderen Person. Lies nach in 1 Kor 13, 4–7: „Die Liebe ist ...“
- Die Liebe drängt nach einer bewussten Entscheidung zur gegenseitigen totalen Hingabe und will das Beste für den Ehepartner.

9. Die Begründungen, warum du heiratest, sind fast so wichtig, wie die Person, die du heiratest. Werde dir klar:

- Viele Menschen heiraten aus falschen Motiven. Solche Gründe dürfen nie in erster Linie sein, weil du: einsam bist, „nur glücklich bist mit Sex", nicht allein sein kannst, ein Baby haben möchtest, einer unglücklichen Situation entfliehen möchtest, finanziell schlecht gestellt bist oder jemand durch deine Hochzeit erfreuen oder auch ärgern willst.

10. Eine möglichst klare Vorstellung von Ehe und Familie haben, von Inhalt und Verantwortung, nämlich von:

- Liebe: Sie ist das Schönste und zugleich das Schwierigste.
- Wirtschaftliche Sicherheit: Geld, Arbeit, Finanzen, Beruf und sind wichtige Grundlagen für eine Familiengründung.
- Andererseits spricht nichts gegen eine „junge Ehe", wenn sich zwei Menschen füreinander entschieden haben, auch wenn ihre Wohnung

klein und einfach ist. Es ist falsch, „zusammen zu ziehen" und irgendwann zu heiraten.

- Kinder: Fähig sein, Kindern nicht nur das Leben, sondern auch Liebe, Sicherheit, Führung und Erziehung zu geben.
- Sich selbst als „Mann" oder „Frau" sicher sein. Nicht „Mann/ Frau/ Vater/ Mutter-Rollen" spielen, sondern aus einem „Guss" „sein", als Ehepartner, Mann, Frau, Eltern.
- Verwandtschaft: Sich bewusst sein, dass man zwar die Verwandtschaft auch „mitheiratet", dass aber eine neue, eigene Familie entsteht. Ablösung vollziehen. Sich klar sein, dass nach der Hochzeit Verpflichtungen gegenüber den weiteren Familienangehörigen entstehen. Kannst du diesen Herausforderungen ins Gesicht sehen mit der Person an deiner Seite?

11. Wie kann ich wissen, dass ich den „richtigen" Partner gefunden habe?

Es gibt keine absolute Sicherheit, aber du bist gut beraten, wenn du folgende Fragen positiv beantworten kannst:

- Will ich für den anderen nur das Beste? Respektiere ich sein „ganz anders sein"? Kann ich Rücksicht nehmen auf die Bedürfnisse meines Partners als wären es meine eigenen und kann ich Kompromisse schließen?
- Wenn du die Signale rund um dich herum beobachtest: Wie sind die Reaktionen deiner Familie, der Freunde, des Priesters usw. Ist die Zeit, die ihr gemeinsam verbringt schön oder zeigen sich Schwierigkeiten an jeder Ecke?
- Höre auf deine innere Stimme: Dein Gewissen ist das wertvollste Geschenk! Sei vorsichtig, wenn du ein vages Gefühl und Unruhe hast; sei ermutigt, wenn du Frieden drüber hast. Suche Gottes Führung im Gebet!

12. Gott hat einen Plan mit dir. Die Person, die du heiraten wirst, ist dir vielleicht jetzt noch unbekannt. Sei nicht unruhig, nutze die Zeit!

- Sei im Frieden mit dir selbst und sei gewiss: Gott hat das Beste für dich im Sinn. Pflege Beziehungen und Freundschaften mit Freunden und Familien. Pflege deine persönliche Beziehung zu Gott durch Gebet und innere Einkehr.

- Entdecke Gottes Plan in deinem Leben. Pflege deine Talente und Interessen. Sei offen für Gottes Führung und suche seinen Willen zu tun.

13. Schließe ein Leben als Priester oder Schwester nicht aus ohne klare Prüfung. Oder die „Berufung zum Single" nach dem Plan Gottes. Auch dieser Lebensstand bietet viele Herausforderungen und Möglichkeiten. Auch dieser Lebensstil ist eine „vollwertige Berufung zur Liebe".

14. Wenn ihr befreundet seid, spielt nicht mit der Liebe.

Das Wichtigste ist, die ernste Absicht nicht aus dem Auge zu verlieren: Es geht um die Ehe und auf die Ehe zu. Die Entscheidung soll nicht hinausgeschoben werden, da sonst einerseits die Bindung wächst und eine eventuell doch notwendige Trennung immer schwieriger wird.
Dank an Gudrun Kugler für engl. Original. Übersetzung Maria Prügl

Was du unbedingt von mir wissen musst ...

Grundsätzlich sollte man prüfen, wie der Partner zum Glauben steht. Ist er aus Liebe bereit, sich mit dem Glauben aktiv auseinander zu setzen, Gottesdienst und christliche Veranstaltungen zu besuchen? Sollte der Partner den Glauben ablehnen, sollte man ihn besser nicht heiraten. Das bedeutet, in der Phase des Kennenlernens das Thema Glaube anzusprechen. Das bedeutet auch, dass man den Glauben kennen muss, um gewinnend und entschieden dafür einzustehen. *(Schulprojekt „Sehnsucht, Sex und ich" kath.net 22.2.2010.)*

Soll der Partner auch Christ sein?

Die Suche nach dem Ehepartner gestaltet sich oft schwierig und nun soll nach Aussehen und Charakter auch noch die Basis im Glauben stimmen? Da alle Wünsche nur selten erfüllt werden, geht mancher Christ in Glaubenssachen Kompromisse ein und meint: Irgendwie wird es schon klappen! Viele Christen klagen, dass die sog. Attraktiven meist nicht gläubig sind. Viele hoffen, dass der Partner irgendwann gläubig wird. Aber die Wirklichkeit sieht anders aus: Schneiden wir eine Torte in Stücke, jedes Stück symbolisiert einen Bereich: Partnerschaft, Kinder, Beruf, Hobby, Urlaub, Glauben usw. Viele denken, wenn die Einstellung zu zwei Drittel übereinstimmt und nur das Stück Glaube herausfällt, sei das genug. Falsch: Der Glaube ist kein Stück der Torte, sondern die alles durchdringende Hefe. Wie ich als Christ lebe oder nicht, wird Einfluss haben auf die Art und Weise, wie ich meine Ehe führe, die Kinder erziehe, die Freizeit gestalte, Freunde gewinne usw. Der Glaube bestimmt mein *ganzes* Leben! Also: Christen sind durch und durch anders und das ist gut so.

4. STOLPERSTEINE UND WEISHEITEN

**Alle Menschen sind klug,
die einen vorher, die anderen nachher.**

Singles haben typische Stolpersteine und „Hoppalas"

- Manchmal werden Singles als „Freiwild-Spezies" betrachtet. Nicht so die große Filmdiva Sophia Loren. Sie fragte vorsichtshalber den sie umwerbenden, nicht mehr ganz jungen Mann misstrauisch: *„Sind Sie verlobt, verheiratet oder frei?"* Erst dann ließ sie sich auf die Liebe ein.
- Keine Gefahr sein für Verheiratete, die möglicherweise in Krise sind!
- Keiner Torschlusspanik erliegen wegen biologischer Uhr bei der Frau.
- Sich keine Vergleiche erlauben mit „Verflossenen", das geht nie gut aus.
- Sich nicht verschämt zurückziehen, nicht im Ghetto von Single bleiben.

- Kein Mauerblümchen sein, sondern attraktiv in Auftreten und Äußerem.
- „Inneren Reichtum" pflegen und ausstrahlen statt „äußeres Theater".

Gertrud von Le Fort fragt:

Wie kann eine Frau gleichwertig und andersartig zugleich sein? Sie ist es, indem sie die Leerzeilen dieser Welt mit ihrer besonderen Hingabe füllt und die Lücken ... mit ihrer ganz eigenen Verwundbarkeit schließt.

- Keine Schüchternheit beim Thema Liebe, sondern verblüffen! Gebildet und überzeugend die katholische Position von Liebe und Sexualität vertreten können, sie ist modern und zeitlos zugleich, gerade heute. Zeit nutzen zur Bildung: Natürliche Empfängnisregelung und Liebe, biblisches Menschenbild, Theologie des Leibes.
- Freundschaften pflegen mit Menschen, die sowohl jünger als auch älter sind.

- Wachsen in realistischer Einschätzung: Ehe und Familie erfordern großen Einsatz und Verzicht, wenn sie denn gelingen soll.
- Objektiv die Vorteile des Alleinseins bedenken: Es hat alles sein Gutes.
- Kein Selbstmitleid, gegensteuern, sich nicht mit Ersatzmitteln belohnen.
- Gemeinschaftsfähig bleiben ist unerlässlich, ob in Ehe, Familie oder Orden.
- Der Einsamkeit zuvorkommen. Wichtig dazu ist die Gestaltung des Sonntags und der großen Feste, speziell auch als Single.
- Keine sexuellen vor- und außerehelichen Beziehungen pflegen, egal welchen Alters. „Die der Ehe gestohlenen Geschenke" bringen Unruhe und machen unfrei.
- Nimm dich an, von Gott gewollt, dann ist es egal, wen und ob du heiratest.
- Mut und Tapferkeit, die Zukunft ist nicht dunkel. Wie sagten die Alten: Das sind die Starken im Lande, die unter Tränen lachen, das eigene Leid vergessen und anderen Freude machen.
- Nächstenliebe hilft nicht nur dem Nächsten, sondern auch uns selbst gegen Einsamkeit, wie

die beiden eindrucksvollen Filme zeigen: „Blind Side" und „Everybody's Fine".

Viele Verlobungen enden glücklich, manche auch in der Ehe ...

Als ich jenseits der Dreißig war, in eine neue Stadt kam, niemand kannte und sehr einsam war, lernte ich einen liebenswürdigen Mann kennen. Aus der anfänglichen Freundschaft entwickelte sich mehr, obschon für mich echte Zweifel bestehen blieben. Wir verlobten uns schließlich und planten die Hochzeit. Im vorhochzeitlichen Stress zeigte sich, dass er den Belastungen einer Familie nicht gewachsen war. Da sagte ich die Hochzeit ab. Das war zunächst sehr schwer, ich schämte mich: Warum muss gerade mir das passieren? Meine Familie litt mit mir, doch alles geht vorüber, alles ist recht geworden. Die Eltern lebten noch lange und konnten getrost meinen weiteren Lebensweg mitverfolgen. Mutter sagte später einmal: Musste nicht alles so kommen ...? Sie war fromm, tief katholisch, nicht „streng katholisch". Vieles was sie gemacht und gesagt hatte, konnte ich ihr nach meinem Studium begründen auf Grund der Theologie der

Hauskirche, sie nahm alles mit Freude auf. Meine Entscheidung, die Verlobung zu lösen, war richtig.

Viele bewunderten meinen Mut, andere waren eher neugierig. Pater Geraldo beobachtete es und gab mir den guten Rat: „Sprich nicht mit vielen darüber, das kostet nur Kraft, sprich nur mit wenigen, am besten nur mit einem einzigen Menschen!" Ein guter Rat für viele andere Gelegenheiten. Jedenfalls dauerte die Trostlosigkeit mehr als einige Monate. Ich ging lange Wander- und Spaziergänge, allein! Eines Morgens erwachte ich und spürte, die Traurigkeit war weg, die Lebensfreude zurück. Ich hörte wieder die Vögel singen und sah die Blumen blühen. Eine „neue Zeit" war da. Es heißt, wenn die Trauer über einen großen Verlust länger als zwei Jahre dauert, braucht man Hilfe von außen. Vorher ist diese Trauer normal und notwendig, quasi ein Naturgesetz. „Alles geht vorüber und es wird immer wieder recht", sagte meine Tante oft und sie musste es wissen, sie hat viel erlebt.

5. SINGLES, LIEBE UND SEXUALITÄT

**Halbe Wahrheit
lenkt am besten von der ganzen ab:
Verzicht auf sexuelles Eins-werden
heißt nicht Verzicht auf Liebe!**

Was soll, was kann man einem Single dazu sagen? Trösten, herumreden, Hilfen zum „herumschwindeln"? Nein, das Thema der „gestohlenen Ehe" betrifft zudem auch die vielen vor- und außerehelichen Beziehungen. Wissen die Menschen die Wahrheit nicht oder wollen sie nicht wissen? Gebildete Gläubige freilich sind überzeugt: Das sexuelle Eins-werden (volkstümlich Geschlechtsverkehr) ist einzig der Ehe vorbehalten. Ihr Übertreten ist eine „vorgeschwindelte Einheit". Außerehelicher Sex ist immer schwere Sünde und hindert deshalb logischerweise am Empfang der Hl. Eucharistie.

Kennen Sie die Theologie des Leibes?

Noch nie gehört? Wenn Sie nicht „glücklicher Eingeweihter" sind, werden Ihnen dieser Begriff und seine Tragweite nichts sagen. Wenn Sie sich hingegen auf den Weg machen, nach dieser hier nur möglichen Kurzfassung, die Quellen selbst zu lesen, werden Sie belohnt mit dem wahren Verständnis von Liebe, Sexualität, Ehe und Familie. Die Schönheit der Sexualität und der Glanz des Schöpfungsplanes entsprechen der Logik der Liebe, wie Gott sich das erdacht hat. Wissen und Bildung ist wichtig. Wenn die Vernunft es weiß, wird auch der Wille gestärkt. Opfer und Verzicht auf ausgelebte Sexualität der Singles bleiben, doch haben sie Sinn bekommen. Warum wird bloß diese Botschaft ignoriert und bis heute nicht verkündet? Die Lehre der Kirche ist der einzig vernünftige Ausweg aus der Sackgasse immer neuer Krisen des Menschen und der Gesellschaft. Aber alles der Reihe nach.

Sexualität – Ehesakrament – Zölibat

Wieviel Hilfloses haben Sie in Religionsunterricht und Predigten zu diesem Thema gehört und wie viel Falsches in Fernsehen und Medien? Dabei könnten wir seit den großen Päpsten des vergangenen Jahrhunderts darüber Länge mal Breite in einer guten Sprache und mit logischer Begründung darüber reden. Johannes Paul II. hat diese Lehre entfaltet, eingebettet in die christliche Anthropologie (biblisches Menschenbild, Schöpfungsplan). Bestätigt durch die Geisteswissenschaften (Theologie und Philosophie) die Humanwissenschaften (Pädagogik, Psychologie, Soziologie, Medizin) wird so die Lehre der Kirche modern und zeitlos zugleich anerkannt. Ein einmaliger Vorgang in der ganzen Kirchengeschichte.

(Mehr dazu: Die menschliche Liebe im göttlichen Heilsplan, Johannes Paul II. fe-Verlag).

Theologie des Leibes in Kurzfassung

Das Leben kann nur glücken – ob in Ehe oder unverheiratet –, wenn es gemäß dem Plan des Schöpfers und seiner Betriebsanleitung gelebt wird (Gen 1–3):

- **Als Mann und Frau ...**

  schuf Gott sie und es war sehr gut. Gemäß dem Schöpfungsplan hat der Mensch nicht bloß einen Leib, vielmehr *ist* er Mensch mit Seele, Geist und Leib. Auch der Leib spricht eine Sprache und er darf nichts Anderes aussagen als Geist und Seele, deren Sprache ja nicht materiell und daher nicht sichtbar ist. Ein Beispiel: Das eheliche Eins-werden (Geschlechtsverkehr) bedeutet in Leib Seele und Geist sich ganz hinzugeben ohne mich oder etwas zurückzuhalten und umgekehrt: Ich nehme dich ganz an, ganz, nur dich und dich für immer. Bei vor-und außerehelichem Verkehr spricht der Leib die Unwahrheit: Er tut nur so, als ob. In Wirklichkeit behält er sich viel zurück, was zur Vereinigung gehört. Der Leib wird im ehelichen Eins-werden zum sichtbaren Zeichen des Sakramentes, da man die Liebe, die ja geistig ist, nicht sehen kann. Der Leib mit seiner Ausdrucksmöglichkeit macht das sichtbar und konkret.

- **Das eheliche Eins-werden ...**

ist Glückseligkeit in Seele, Geist und Leib. Dabei ist das „Ein-Fleisch-werden" (Gen 1–4) so einzigartig, dass Mann und Frau (auch biologisch nachweisbar) nicht mehr getrennt werden können: Die Samenflüssigkeit des Mannes wird durch die Schleimhaut der Scheide aufgenommen und ist im Körper der Frau nach nur einer halben Stunde nachzuweisen in Blut und Ausatmungsluft. Das ist nicht bloß Biologie, das ist göttliche und menschliche Wirklichkeit. Übrigens ist das sexuelle Vorleben einer Frau am Reinheitsgrad der Scheide nachzuweisen. Übrigens, die Sehnsucht des Menschen, für den anderen der Einzige zu sein, spiegelt sich wider auch in Märchen und Mythen.

„Treue zur Wahrheit über die Ehe hat hohen Preis. Männer und Frauen von heute sind sehr wohl in der Lage, die Wahrheit über Ehe und Fortpflanzung zu verstehen. Es ist ein Fehler, sie bloß als Ideal darzustellen, das der ,Anpassung an die konkreten Möglichkeiten' bedarf."
Must read ... Prophetische Worte von Johannes Paul II. 1984

- **Einheit von Liebe und Fruchtbarkeit**

 Gott, der Erfinder der Liebe, verbindet die beiden Sinngehalte untrennbar, er hätte das auch
 trennen können. Deshalb sollen wir den Sinn
 erkennen. Was nun Gott verbunden hat, das
 darf der Mensch nicht trennen. Dieses Gebot:
 „Was Gott verbunden hat, darf der Mensch nicht
 trennen", betrifft sowohl Ehescheidung, als auch
 die Entkoppelung von Liebe und Fruchtbarkeit.
 Der Mensch von heute missachtet beide Ge-
 bote. Resultat sind Verhütung und künstliche
 Befruchtung. Mit der Verhütung trat zugleich
 eine revolutionäre Verhaltensänderung in der
 Geschlechterbeziehung auf breitester Ebene ein.
 Folgen sind unter anderem: Abtreibung, Gebur-
 tenrückgang, Überalterung der Gesellschaft,
 Rückgang der Eheschließungen, vor- und außer-
 eheliche Partnerschaften, Vergewaltigungen auch
 in der Ehe, zunehmende Entkirchlichung, um
 nur einige zu nennen. Die Sexualität ist banali-
 siert worden: „Nicht mehr Mensch trifft Mensch,
 sondern Unterleib trifft Unterleib", wie Hanna
 Barbara Gerl-Falkovitz pointiert zusammenfasst.

- **Wunderwerk Zyklus der Frau**

  Zykluskenntnis und Natürliche Empfängnisregelung (NER) ist deshalb mehr als bloß eine Me-
  thode. Sie ist nicht nur eine katholische, sondern
  universal christliche Lebensweise. Die Theologie
  des Leibes gipfelt in diesem Lebensstil. Natürliche
  Empfängnisregelung hat nur Vorteile, (gegenüber der Verhütung, die allerdings bequemer
  ist) pädagogisch, psychologisch, medizinisch,
  wirtschaftlich bestätigt.

Gott ist Liebe ...

*„Indem Er den Menschen nach Seinem Bild erschafft,
prägt Gott der Menschennatur die Berufung und daher
auch die Fähigkeit zu Liebe und Gemeinschaft ein. Die
Liebe ist demnach die grundlegende und naturgemäße
Berufung jedes Menschen. Die christliche Offenbarung
kennt zwei besondere Weisen, die Berufung der mensch-
lichen Person zur Liebe ganzheitlich zu verwirklichen:
die Ehe und die Jungfräulichkeit. Sowohl die eine
als auch die andere ist in der ihr eigenen Weise eine
konkrete Verwirklichung der tiefsten Wahrheit des
Menschen, seines Seins nach dem Bild Gottes".
Hl. Johannes Paul II. Apostolisches Schreiben
Familiaris Consortio, 1981, Nr.11.*

Meine Begegnung mit Humanae Vitae (HV)

Ich habe HV ausgerechnet in einem evangelischen (!) Eheseminar kennengelernt. Paradoxerweise musste ich in einem katholischen Eheseminar dann erleben, dass ein Priester, Leiter des diözesanen Familienreferates, sie ganz negativ kommentierte, öffentlich vor Brautleuten! Bereits vorgebildet und überzeugt von HV und der Biblischen Anthropologie, verteidigte ich sie öffentlich. Es war ein unvergessliches Streitgespräch. Jahre später sollte ich nach dem Studium der *Wissenschaften für Ehe und Familie* seine Stelle einnehmen. Was für eine Vorsehung! HV sollte man intellektuell und spirituell geistig durchdringen, um die Lehre der Kirche zu Liebe und ihrer Moral zu verstehen. Sinn und Wesen der ehelichen Liebe, muss man unbedingt verstanden haben, dann wächst das Vertrauen zur Kirche und ihrer Lebensweisheit auch in anderen und allen Bereichen.

Liebe bei C. S. Lewis

Wer kennt ihn nicht, den großen Schriftsteller aus Oxford? Er hat auch zu Liebe in ihren verschiedenen Erscheinungsweisen (Zuneigung, Freundschaft, Eros, Agape) ein sehr anregendes Buch geschrieben hat. Darin finden sich gedankliche Berührungspunkte mit der „Theologie des Leibes" von Johannes Paul II. und „Deus caritas est" von Benedikt XVI.: „Im Liebesakt dagegen sind wir nicht bloß wir selbst. Wir sind auch Repräsentanten ... Es ist keine Verarmung, sondern eine Bereicherung, zu wissen, dass uralte und weniger „personhafte" Kräfte durch uns wirken. Für einen Augenblick sind wir der Brennpunkt aller Männlichkeit und Weiblichkeit der Welt. Hier trifft sich das Kämpferische und das Hingebende... Der Mann spielt wirklich Himmelvater und die Frau Himmelmutter ... er spielt Form und sie Materie."

(Mehr dazu: Vatican Magazin, Jahrgang 12, März 2018, S.42 f.)

Keuschheit – Immunsystem der Liebe

Dieses Wort klingt antiquiert und bedarf der Übersetzung, um ihre zeitlose und moderne Bedeutung zu verstehen: Keuschheit ist Reinheit in der gelebten Sexualität und hat mit Prüderie nichts zu tun. Jeder Stand, ob Ehe, Zölibat oder Unverheiratete, hat seine eigene Keuschheit. Keuschheit bedeutet, die Kräfte, die uns die Sexualität verleiht, in der rechten Ordnung einsetzen. Keuschheit ist demnach das Immunsystem der Liebe.

Jeder kann Lehrer werden

Während ich als OP-Schwester im Unfallkrankenhaus in Salzburg arbeitete, absolvierte ich die Ausbildung zur Lehrkraft für Natürliche Empfängnisregelung (NER) und Biblische Anthropologie und gab Kurse landauf, landab, das Interesse war groß. Dazu las ich die ganze weiterführende philosophische und theologische Literatur und wuchs Schritt für Schritt hinein in die Theologie des Leibes und der Ehe und Familie. Als mündiger Laie informierte ich den damaligen Erzbischof, er zeigte wenig Interesse, er hatte die prophetische Bedeutung der

Enzyklika Humanae Vitae (HV) nicht verstanden. Anders sein Nachfolger, Erzbischof Georg Eder. Er, der Landpfarrer und Seelsorger, wusste um die Bedeutung der notwendigen Erneuerung der Familienpastoral, zu deren Grundlage HV zählt.

Anregungen zum Nachdenken

- Habe ich negative Vorbehalte gegen HV?
- Macht es Sinn als Single die Humanae Vitae überhaupt kennen?
- Will ich mehr wissen von der Theologie des Leibes?
- Kann man enthaltsam leben ohne krank und verklemmt zu sein?

6. Traurigkeit und Selbstmitleid? Stopp!

**Wo Gemeinschaft gelingt,
da spüren wir plötzlich,
was glücklich macht.**

„Liebesgschicht'n und Heiratssachen ..."

Elisabeth T. Spira, Moderatorin der gleichlautenden österreichischen Fernsehserie, meinte: „Nicht Liebe treibt diese unbedingt heiratsentschlossenen Menschen, sondern Einsamkeit".

Einsamkeit, eine moderne Volkskrankheit. Wir leben in Kolonien der Einsamkeit, deshalb gibt es Facebook. Dieses digitale Medium ist Ersatz für Intimität, es scheint mehr Vor- als Nachteile zu haben. Aber darüber lässt sich bekanntlich streiten

Selbstmitleid und Traurigkeit

Nicht jede Traurigkeit ist Depression. Es gibt viele Abstufungen der Schwermut, es gibt normale und sogar kostbare Traurigkeit. Sie kann Zeichen emotional besonders begabter Menschen sein. Dennoch, übermäßige Traurigkeit und Selbstmitleid dürfen nicht aus dem Ruder laufen, sie verstärken Leid und schwächen den Menschen. Mehr oder weniger große Trauer ist häufige Begleiterin bei unfreiwilligen Singles und hat eine eigene Färbung: Verstecktes Leid, quälendes Unausgefülltsein, Schuldgefühle über falsche Entscheidungen und selbst verschuldete Versäumnisse. Man vermisst schmerzlich, nicht zu jemand zu gehören, keiner Liebe wert befunden zu sein. Das nagt am Selbstwertgefühl.

Gegenmittel zu Selbstmitleid

Weder Trost noch Trostlosigkeit sollen bloß oberflächlich betrachten werden. Trost ist, was das Herz erhebt, uns lebendig macht, Antrieb schenkt, uns aufbaut und ein Licht bringt. In Trostlosigkeit sollen wir nichts ändern, was wir in getrösteten Zeiten beschlossen haben. Nirgends aus- noch eintreten, bloß „bleiben". Trost und Trostlosigkeit auch nicht zu ernst nehmen, sie sind quasi Naturereignisse. (*Hl. Ignatius von Loyola.*)

Daher ...

- In Panik nichts entscheiden, schon gar nicht eine schnelle Bindung eingehen!
- Nicht aus Einsamkeit falsche Schlüsse ziehen.
- Bei Depression Aktivität setzen, wenn auch noch so klein, z.B. Spaziergang.
- *Wandern für den Seelenfrieden*, titelt *R. Richtsfeld in den Salzburger Nachrichten, 1.12.2015, S 10* seine erfolgreiche „Selbsttherapie". Allein gehen, mindestens eine Stunde.
- Selbstmitleid vergiftet und zieht hinunter, deshalb im Anflug abweisen!
- Wiederkehrenden grübelnden Dialog um Versäumtes im Leben definitiv beenden.
- Mit unerfüllten Wünschen leben lernen, daran reifen und das Gute sehen.
- Realist sein: Ob Ehe, Weihe oder ledig, es sind gleich große, nur verschiedene Herausforderun-

gen. Einsamkeit zu zweit, etwa Ehe, ist schlimmer als Einsamkeit allein!

- Geistlicher Führer und regelmäßige Beichte. Durch den Priester in der Beichte spricht Gott. Nicht nur Vergebung wird gewährt, Gott schenkt Gnade und Weisung, genau zugeschnitten für dich.

- Zeugnis geben vom erfüllten Alleinleben ist ein wichtiger Dienst, sagt Elisabeth R. „Beispiele reißen mit, im Guten wie im Bösen", sagt ein römisches Sprichwort.

- Nicht den direkten Weg zum Glück anstreben, nur indirekt lässt sich das Glück finden. Zuerst andere glücklich machen und das Glück fällt dir zu, ähnlich dem Rössl-Sprung im Schachspiel: Das Pferd muss um die Ecke springen.

- Von der Selbstverwirklichung zur Sinnerfüllung ist eine Überlebensfrage, (dazu später mehr).

- „Nach dem Glück darf man nicht gieren. Der Westen hat einen falschen Begriff von Selbstverwirklichung und Freiheit", sagte Benedikt XVI. zu den Jugendlichen (Weltjugendtag 2012).

Einsamkeit und Traurigkeit

Nur die Freundschaft mit Gott erlöst den Menschen von seiner Einsamkeit. Die Kirche ist Gegenmittel zur Einsamkeit. Die Faszination dieser Welt allein kann den Menschen ganz und gar nicht zufrieden stellen. Deshalb fühlen sich die Menschen immer einsam, obschon sie doch so viele Ablenkungen haben. Nicht so der Gläubige, er hat Neues: Wer glaubt, ist nie allein! Das Wort Gottes ist *Licht* auf unserem Weg, Traurigkeit zieht ins *Dunkel*.

Sich einer Aufgabe stellen, ob groß oder noch so klein konkret jetzt und heute. Nicht hinstarren auf das Problem Alleinsein. Nicht in sich versinken, draußen wartet eine Aufgabe auf dich! Bildlich gesprochen: Das *gesunde* Auge ist *durchsichtig*, es lässt durchsehen, nur das *kranke* Auge ist *undurchsichtig*, es wird auf sich zurückgeworfen. Also, hinausschauen in die Welt! Auf jeden wartet also eine bestimmte, manchmal auch verborgene Aufgabe! Soweit sinngemäß nach persönlichen Notizen von Viktor Frankl, Begründer der Logotherapie. (Das geistige Umfeld der Familie, Jugend, Probleme und Auswege; 12. Intern. Familienkongress, Wien 1988, S. 15).

Diese Aufgabe wartete auf mich ...

Jahre schon besuchte ich die Fortbildungen des Institutes für Liebe und Natürliche Empfängnisregelung (NER), damals im Bildungshaus Schloss Puchberg mit Dr. Josef Rötzer. Zusätzlich zu den Regeln der NER lernte ich viel über die menschliche Liebe im göttlichen Heilsplan. Eine wichtige Lektüre dazu war die Enzyklika Humanae Vitae (HV), ich kaufte sie und legte sie zunächst beiseite.

Ein anderes Interesse führte mich wieder in das gleiche Bildungshaus, ich nahm die Enzyklika HV als Lektüre für die Pausen mit. Unvergesslich: Ich begann ich zu lesen und konnte nicht mehr aufhören. Erstens ist die Enzyklika kurz, zweitens spannend, drittens sind im Anhang sogenannte Appelle zur Mitarbeit enthalten. Einer davon richtet sich an die „Ärzte und ihre Helfer". Damals noch Krankenschwester, hörte ich den Anruf so deutlich an mich, dass ich gar nicht anders konnte, als diesen Auftrag anzunehmen. Das bedeutete zunächst die Ausbildung zur Lehrkraft und das notwendige Literaturstudium. Dann begann ich nebenberuflich Kurse zu geben, landauf, landab und lernte viele interessante Menschen kennen.

Schließlich erlebte ich durch diese Aufgabe eine Vorbereitung auf meine spätere Berufung: Mit vierzig Jahren machte ich die Studienberechtigung, verließ meinen Beruf als OP-Schwester (nach 23 Dienstjahren), begann und vollendete *das Studium der Wissenschaften für Ehe und Familie.*

Biologische Fakten berücksichtigen

- Genug trinken, Traurigkeit trocknet aus.
- Keine einseitige und falsche Ernährung.
- Genug Sport und Bewegung.
- Genügend Schlaf und Erholung.
- Wechselgüsse nach Pfarrer Kneipp, eine seiner fünf Säulen.
- Sich dem Licht aussetzen, in dunklen Monaten nehmen Depressionen zu.

Afrikanische Art, Lasten zu tragen ...

Die Afrikanerinnen können durch ihre aufrechte Haltung auch längere Zeit schwere Lasten tragen. Auch wenn ihr Tag lang und ihr Schicksal schwer ist, finden sie ein hoffnungsvolles Gleichgewicht und gehen tapfer weiter.

> **Oder wie ein Schiff:** Je mehr beladen, um so
> ruhiger fährt es übers Meer, es lebt vom Tiefgang.

Ängsten den Stachel ziehen

Viele Menschen, verheiratet oder ledig, sind geplagt
von diversen Ängsten.

Angst vor dem Alleinsein, Angst um die Existenz,
Angst vor der Zukunft, Angst vor dem Allein-alt-
werden. Schon allein das ruhige Anschauen und
diesen „Wolf umarmen", kann die Starrheit lösen.
Manchmal erkennt man, dass man sich 80% um-
sonst gefürchtet hat, weil das Befürchtete nicht
eingetreten ist. Wer sich zu Tode ängstigt, ist auch
gestorben, sagt ein Sprichwort.

Das Eigentliche der Tapferkeit ...

ist nicht Angriff, nicht Selbstvertrauen, nicht Zorn,
sondern Standhalten und Geduld. Aber nicht, weil
Geduld und Standhalten schlechthin besser und
vollkommener wären als Tat und Selbstvertrauen,
vielmehr deshalb, weil die wirkliche Welt so gebaut,
aus solchen Gegensätzen zusammengestellt ist,

dass erst im äußersten Ernstfall, der außer dem Standhalten gar keine andere Wahl mehr zulässt ... die letzten und tiefsten Seelenkräfte des Menschen sich zu offenbaren vermögen.

Die Geduld ist etwas ganz anderes als das wahllose Hinnehmen von irgendwelchen Übeln. Thomas v. A. sagt: „Geduldig ist nicht, wer das Übel nicht sieht, sondern wer sich dadurch nicht zur Traurigkeit hinreißen lässt".
Ladislaus Boros, Das große Wochentag-Missale, Teil 2, S. 581.

Vorbilder sind Lichter auf dem Berg

Sie zeigen, dass Leiden, im Glauben angenommen, veredelt. Sie machen Mut, auch im Dunkeln weiter zu gehen und werden zu eigentlichen Helden des Alltags. „Lass es wehtun, auch der Schmerz erreicht eine Talsohle", so *Walter Trobisch.*

- Vorbilder an Tapferkeit: „Es wird immer wieder recht" sagte meine Tante.
- Vorbilder, die nicht jammern, die aufrecht gehen, trotz aller Last.

- Vorbilder an Freundlichkeit, auch wenn ihnen schwer ums. Herz ist.
- Vorbilder der zeitlosen Tugenden, wie Disziplin und Tapferkeit.
- Manch „alte Eheleute" oder „Singles": Was haben sie alles zu lehren!

Mitten im Schmerz das Schöne noch sehen

Sogar mitten im schmerzlichen Verlust ist es möglich, das Schöne in und um uns zu pflegen, selbst wenn unser Leben scheinbar in lähmendem Winterschlaf liegt. Im Winter werden unser Glaube und die Fähigkeit zu hoffen auf das Äußerste herausgefordert. Während dieser Jahreszeit träume ich gerne in vielen Farben und versuche frohe Regenbogen in das Leben derer zu bringen, die ich liebe.

I. Trobisch, Haus der Geborgenheit

Was habe ich bloß falsch gemacht?

Bei nicht erfüllten Wünschen stellen wir uns wiederholt die Frage: Was habe ich falsch gemacht, was ist meine Schuld? Trauer bei Verlust und unerfüllten Wünschen, kann ein langer Weg sein, das ist normal. Nur, was länger dauert als zwei Jahre, braucht Hilfe von außen. Unerlässlich ist, sich selbst vergeben zu können, sagt mein Priesterfreund Ch. C. Er gibt diesen Rat gerne, wenn jemand immer wieder dasselbe beichtet. Oft sind die Menschen dann erstaunt und sagen: „Das habe ich noch nie bedacht!" Man kann Falsches nicht ungeschehen machen, jedoch lernen, sich selber zu verzeihen. „Ja, es gibt Dinge im Leben, die ich heute nicht mehr machen würde", sagt Gräfin Thurn u. Taxis, angesprochen auf ihre teils wilde Vergangenheit.

Anregungen zum Nachdenken

- Was habe ich falsch gemacht und kann ich mir selbst nicht vergeben?
- Eigenen Wert erkennen, unabhängig von Lebensform und Ausbildung.

- Was hilft, wenn ich traurig bin?
- Habe ich unbestimmte Ängste und welche?
- Wie möchte ich mein geistliches Leben verändern?
- Nehme ich Beichte – auch für Änderungen in meinem Leben – in Anspruch?

7. Geborgen sein und Geborgenheit geben

**Ein Volk, das keine Kultur hat,
hat keine Identität.
Ohne Identität keine Heimat
und Geborgenheit.**

Die große Sehnsucht nach Geborgenheit

Oft, wenn ich nach Hause komme und den Schlüssel meiner Wohnungstüre umdrehe, spüre ich die Geborgenheit meines Hauses ganz besonders. Meine Wohnung, die vielen Dinge, die Geschichten erzählen können, die Lichter in den Fenstern meiner Nachbarhäuser, geben mir Geborgenheit. Im Sommer wird dann meine kleine Loggia zu einem Paradies mit Blumen. Neben dem Haus sind einige hohe Birken und ein Nussbaum, der Schatten und gute Luft spendet. Dort beginne ich an warmen Sommertagen den Feierabend. Die Vögel sausen singend durch die Luft und wie auf Kommando verstummen sie. Es wird langsam dunkler und schließlich zieht das Heer der Sterne auf. Und jeder hat einen Namen, erst recht wir Menschen, das gibt die eigentliche große Geborgenheit bei Gott.

Das Schmerzlichste für mich ist ...

... zu niemandem zu gehören, sagen unglückliche Singles. Ja, um Geborgenheit geben zu können, muss ich selbst ein geborgener Mensch mit gut verankerten Beziehungen und Zugehörigkeit sein: Zur Familie, zu Freunden, zu einer, zu einer Glaubensgemeinschaft, zu Gott, meinem himmlischen Vater. Vielen Menschen, übrigens auch Eheleuten, fehlt solche Geborgenheit, wie sollen sie sie anderen geben können?

Geborgenheit schaffen

Geborgenheit schaffen, für mich selbst und darüber hinaus für die vielen, die Freundschaft und Geborgenheit bei mir finden sollten, ist Herausforderung. Geborgenheit ist wie ein großer bunter Blumenstrauß: Da gibt es die großen Blüten, die leuchtenden Blumen, aber auch die unscheinbaren Gräser und Blätter, sie machen den Strauß erst richtig voll. So ähnlich füllen die vielen kleinen Dinge des Alltags unsere Stunden, Tage und Jahre.

Die Blutbande ist ein verlässliches Netz, in Krisenzeiten entdeckt man das neu. Seit ich in Pension bin, kann ich in großer Freiheit meine Familie besuchen, immer willkommen als Besuch und als Familienhelferin, praktisch überall einsatzfähig. Das verbindet, ist notwendig und gibt familiäre Geborgenheit und Zusammenhalt. Wichtig ist, Ausgewogenheit zu schaffen zwischen lebendiger Familienpflege und gesunder Abgrenzung. Mit Geschwistern und Verwandten nie brechen, Schwierigkeiten in guter Weise ansprechen und lösen.

„Bete, dass deine Einsamkeit der Stachel werde, deine Berufung zu erkennen und deine Aufgabe zu finden, groß genug dafür zu leben und gegebenenfalls dafür zu sterben."
Aus: Zeichen am Weg, Dag Hammarskjörg, Generalsekretär bei der UNO und Single seines Berufes wegen. 1961 tödlich verunglückt.

Traditionen schaffen Geborgenheit

- Wertvolle Traditionen und deren lebendige Pflege schaffen hohe Kultur und Heimat: Einstimmung bereitet das Fest vor und verbannt Einsamkeit.
- Viele Interessen pflegen macht reich und ist ein bewährtes Gegenmittel zur Einsamkeit, zudem ist und macht es interessant, für mich und andere.
- Egal, ob ein 8, 10 oder 12 Stundentag: der Mensch muss (wieder) finden, was ihn in Wahrheit erholt und sein Inneres erfüllt, wohin er seine Wurzeln einlässt und „sein Haus" baut, wo er ruhig und geborgen werden kann.
- Gemeinsames Tun macht Freude, etwa singen, musizieren, spielen. So habe ich in der Pension einen Chor gesucht, dessen Liedgut so ausgerichtet ist, dass ich die Lieder mit Freunden und der Familie singen kann. So ist wieder singen eingekehrt in meine Familie.
- Bücher werden zu Freunden, sie füllen und erfüllen Abende und Sonntage.
- Als Herr und Frau im eigenen Haus Gastfreundschaft schenken. Andern Freude und Gutes bereiten, die Freude kehrt garantiert zu dir zurück.

- Mit Freunden im Glauben regelmäßig treffen. Meine Sonntags-Nachmittagsrunde ist etwas Kostbares. Dieser Kreis ist über die Jahre gewachsen ohne dass wir es so geplant hatten: Geselligkeit, Bildung und Gebet. Schön auch, dass es keine starre, vielmehr eine gern eingegangene freiwillige Verpflichtung ist, wie eben möglich. Kein Problem, wenn es nicht geht. Viele gute Initiativen sind hier entstanden oder verwirklicht worden.

- Ein Netzwerk von ähnlichen „Runden" entfalten und pflegen. Es ist ein Vorteil, lange genug an einem Ort bleiben zu können, um solche Freundeskreise bilden und pflegen zu können. Sie sind immer die große Stütze und Freude, besonders bewährt in Krankheit und Alter, gleichsam Früchte des Lebens.

- Auch die guten digitalen Medien einbeziehen in meinen Alltag. „Seit ich Radio Maria und Horeb, KTV im Haus habe, bin ich nicht mehr einsam", sagt Hilda vom Berg oben.

- Treue im geistlichen Leben ohne dabei starr und automatisch zu werden: Morgen- und Abendgebet, Weiterbildung im Glauben, gute Literatur. Tages-

Wochen- und Jahresrhythmus als hilfreichen Raster, dazu später.

- Sonntag, Weihnachten, Silvester usw. kommt mit Sicherheit wieder und ich bin allein! Was tun? Gestaltung, verlässliche Traditionen und Rituale sind unerlässlich. Sie verhindern, dass einem die Decke auf den Kopf fällt.

- Zu Hause sein: Die Feste und Festzeiten feiere ich in Salzburg, hier bin ich daheim. Zu meinen Geschwisterfamilien fahre ich dann nach den Festen und bleibe einige Tage. Zu den Festen selbst sollen die Familien unter sich sein und ich kann bei mir zu Hause am besten feiern.

Römisch-katholisch sein ...

ist ein Charakter zwischen gestern und morgen.
Joseph Kardinal Ratzinger

Geborgen im Glauben

Zum frohen Glauben braucht es eine gesunde Erdung. Froh katholisch heißt: unbekümmert, selbstbewusstes Gottvertrauen, einen Vertrag haben mit Fröhlichkeit. Zugleich ein gesundes Maß an Nüchternheit. Gefühle sind sehr wichtig, doch der Verstand verlangt auch ständige Weiterbildung und intellektuelle Nahrung. Aufwachsen in der Geborgenheit eines tief katholischen Elternhauses – tief katholisch ist anders als streng katholisch – ist ein gutes Startkapital, doch braucht es unbedingt einen Erwachsenenglauben. Die Herausforderung durch Freikirchen in der Schweiz führte mich zunächst in eine große Krise, die mir letztlich zum Segen wurde. Ich begann, mich im Glauben fortzubilden bis heute. Gott führte mich hinein in die Weisheit der Lehre der Kirche und in die Schönheit des katholischen Glaubens. Übrigens bringt das eine neue Einsamkeit all denen gegenüber, die nur Taufschein- und Traditionskatholiken sind und scheinbar alles besser wissen.

... und da bin i dahoam ...

Wir, meine Geschwister und ich, waren Heim-
wehkinder. Wollten wir etwas lernen, mussten
wir in die Stadt, ca. 70 km entfernt. Wenn ich
dann heimfuhr – was damals nicht oft möglich
war – und nur in die Nähe des Böhmerwaldes kam,
wurde ich heil in meiner Seele. Ich musste oft gar
nicht erzählen, was ich auf dem Herzen hatte. Es
war einfach das Zuhause, ein Familiennest, das
gesund machte.

Als ich dann nach Zürich kam, schrieben wir
uns viele Briefe, Vater, Mutter und die Geschwister.
Einer der Briefe meiner Mutter ist mir auch durch
eine Beilage unvergesslich bis heute, gab er mir
doch in dieser Situation so große Geborgenheit,
sodass eine Heimwehquelle irgendwie gestopft
wurde. Die Beilage enthielt den langen Psalm 139,
ich hatte ihn noch nie gehört. Er spricht von Gott,
der mich kennt bis ins Innere, kein Weg und keine
Regung ist ihm fremd. Bei ihm bin ich geborgen
in jeder Lebenslage und wo immer ich auch bin.
Bis heute trage ich diesen vergilbten Zettel stets
bei mir. Gerne würde ich den Brief im Original
zeigen, er ist ganz vergilbt. Hier nur einige Verse:

Ps 139 – *Der allwissende Gott*

1. Herr, Du hast mich erforscht und Du kennst mich, ob ich sitze oder stehe, Du weißt von mir. Von fern erkennst Du meine Gedanken. 4. Du umschließt mich von allen Seiten und legst Deine Hand auf mich. 12. Du hast mein Inneres geschaffen, mich gewoben im Schoß meiner Mutter, 13. Ich danke Dir, dass Du mich so wunderbar gestaltet hast. Ich weiß: Staunenswert sind alle Deine Werke. 14. Als ich geformt wurde im Dunkeln, kunstvoll gewirkt in den Tiefend er Erde, waren meine Glieder Dir nicht verborgen. 15. Deine Augen sahen, wie ich entstand, in Deinem Buch war schon alles verzeichnet. 16. Meine Tage waren schon gebildet, als noch keiner von ihnen da war. 19. Erforsche mich Gott und erkenne mein Herz, prüfe mich und erkenne mein Denken. 20. Sieh her, ob ich auf dem Weg bin, der Dich kränkt und leite mich auf dem altbewährten Weg.

Psalmen auswendig lernen?

Zu Zeiten des hl. Hieronymus war das Psalmenbeten sehr verbreitet. Die Bauern zum Beispiel lernten sie auswendig bei Arbeiten wie Ackern und Säen ihrer Felder. Auswendig gelernte Gebete und Lieder sind übrigens ein großer Schatz nicht nur in frohen Stunden, sondern auch bei Sorgen und in Krankheit.

Geborgen bei Freunden

Mein Bruder sagt gelegentlich: Du hast es gut, du hast echte Freunde! Das stimmt und dieser Schatz wird immer kostbarer, je älter ich werde. Doch Freunde und Freundschaft lassen sich nicht produzieren, sie sind ein Geschenk und auf Freunde muss man gut schauen. Man kann allerdings etwas dazu tun und engere und weitere Freundeskreise pflegen. Und da wäre noch die „besondere" Freundin, Gertraud, ihr verdanke ich so vieles.

Geborgen durch Ordnung

„Halte die Ordnung und die Ordnung wird dich halten", sagte der hl. Augustinus. Strukturen geben Halt. Sie sind wie ein Netz, das Raum und Rahmen schafft. Sie sind verlässlich bleibende oder wiederkehrende Einheiten, Rituale und feste

Grundhaltungen, also Tugenden. Natürlich können Strukturen auch beengen. Dann ist es Zeit, zu entrümpeln.

Was könnten Strukturen sein?

Zeiteinteilung und Disziplin: Alles zu seiner Zeit und immer das rechte Maß, auch im Guten keine Übertreibung!

Treue und Ordnung im geistlichen Leben: Jeden Tag mit Gott beginnen, Zeit am Morgen: Beten, betrachten, hören, freie und geformte Gebete, hl. Messe.

Tagebuch führen, weil die Gedanken klarer werden. Das ist auch eine gute Möglichkeit, dankbarer zu werden, weil die vielen Wohltaten Gottes, die wir für selbstverständlich nehmen, bewusster wahrgenommen werden.

Abwechslung zwischen körperlichen und geistlichen Tätigkeiten. Der Benediktiner Pater John, im Gespräch mit Peter Seewald über die Arbeit nach der Regel des Hl. Benedikt: „Das Wunder ist, dass wir immer mit unserer Arbeit fertig werden, das liegt an der Ordnung". Arbeit ist auch Therapie und bewahrt vor Traurigkeit, sagt die 82-jährige Anna, die seit Jahren in ihrer Kirche für Blumenschmuck und Paramentenpflege verantwortlich ist.

Geborgen in lebendigem Feiern des Glaubens

- Hohe Sonn- und Feiertagskultur entfalten: Gott nennt einen Tag der Woche sein besonderes Eigentum und beschenkt den Menschen mit der Verpflichtung, diesen zu heiligen. Das tun zu können, braucht es Wissen und Tradition. Solcherart Feiern beheimatet äußerlich und festigt innerlich.
- Kontrastkultur im Alltag: Da ist gewisser Stress an der Tagesordnung, Kleidung und Essen einfacher, eben Kontrast. Ein guter Vorsatz wäre, wöchentlich einen langen Marsch zu machen, gut für Seele, Geist und Leib. Persönlich pflege ich auch einen wöchentlichen Nachmittag zum Studieren und Lesen, eine bewährte Gewohnheit sehr beschäftigter Menschen. Das nenne ich dann nicht Freizeit, sondern Arbeit, nicht bloß lesen, sondern studieren.

- Kultur des Kirchenjahres pflegen und Jahr der Natur einbeziehen: Wie in der Natur das Leben ein ganzes Jahr dauert, um sich voll entfalten zu können, so auch das Jahr der Gnade, das Kirchenjahr. Nicht bloß trocken glauben, sondern auch das Gemüt einbinden. Und das nicht bloß zu Weihnachten und Ostern, sondern das ganze Jahr ist Kirchenjahr.

Mehr dazu finden Sie in:
Die Kirche erwacht in den Häusern
Familien feiern das Kirchenjahr
www.ehefamilie.at

Weihnachten, Ostern und andere Herausforderungen

Es war ein wunderbarer, sonniger Ostersonntag. Obschon mich meine große Familie wie immer gern gesehen hätte, fuhr ich diesmal *bewusst* nicht heim. Da es immer deutlicher wurde, dass ich allein bleiben werde müssen, wollte ich das „Single-Sein" an solchen schwierigen Zeiten schon einmal einüben.

Die Einsamkeit ließ nicht auf sich warten. Da machte ich mich spontan auf den Weg in die Pfarrkirche, die damals noch ganztägig offen war.

Dazu nahm ich das *Missale Romanum* mit, um die großartigen Lesungen und Gebete dieses Hohen Feiertages in Ruhe nochmals zu betrachten (das Schott-Messbuch ist mein ständiger Begleiter).

Lange blieb ich in der stillen Kirche vor dem Herrn im Tabernakel, es war, als ob er zu mir redete. Es wuchs mir eine so große Geborgenheit zu, wie ich sie selten erlebt hatte. Osterfriede, Osterfreude, Osterlicht, Ostersegen ... waren spürbar gegenwärtig. Alle Einsamkeit war und blieb weg. Diese Erfahrung war existentiell und nahm mir die Angst vor solchen und ähnlichen Situationen. Kein Osterfest hat mich so tief berührt, wie dieses.

„Wenn ihr in der Fremde seid, sucht eure Pfarrkirche. Es ist wunderbar, zu dieser Gemeinschaft von Gläubigen zu gehören" sagte sinngemäß Papst Johannes Paul II. So habe ich es erlebt, nicht nur an diesem Ostersonntag, auch in Zürich und bei anderen Auslandaufenthalten. Manchmal lernt man bei solchen Gelegenheiten besonders wertvolle Menschen kennen. Es ist wahr: Die Kirche ist Haus Gottes und auch unser wirkliches Vaterhaus. Dorthin kann ich immer gehen, egal in welcher Stimmung, ohne Anmeldung, ich kann bleiben, solange ich will, brauche nichts tun, nichts bringen, nur da sein.

Heilige als Weggefährten

Wie gut ist es, Gefährten auf dem Weg unseres christlichen Lebens zu haben: Nicht nur Geistlicher Begleiter, Beichtvater, Menschen, mit denen die Erfahrung des Glaubens geteilt werden kann. Vielmehr die Heiligen, die große Schar, voran die Muttergottes. Jeder Getaufte sollte einen Heiligen besonders verehren. Oft ist es der Namenspatron, dem man sich nahe fühlt. Wir sollen die Heiligen besser kennenlernen, angefangen beim Namenspatron, durch Kennenlernen seiner Lebensbeschreibung und seiner Schriften. Sie sind gute Führer und wertvolle Helfer für unser menschliches und geistliches Wachstum. In diesem Sinn ermutigt Benedikt XVI. alle, sich der Schar der Heiligen anzuschließen, das schenke immer und besonders in Schwierigkeiten und Ängsten Kraft und Trost. (Predigt Hochfest Allerheiligen, 2008).

So schön kann Tradition sein ...

Traditionen geben Beständigkeit, im Leben wie im Glauben. Sie sind das verlässliche Wiederkehren sinnreicher Feste und besonderer Liturgien.

Deshalb gehe ich zu bestimmten Anlässen und Zeiten gerne in bestimmte Kirchen der Stadt. In den verschiedenen Gotteshäusern wird je ein spezieller Kult zum gewissen Glaubensinhalt gefeiert, was mich eben im zu Hause sein innerlich stärkt und erfrischt, zum Beispiel:

- Jahresschlussandacht: Stift St. Peter.
- Maiandacht, Fronleichnam-Samstag, Erentrudis Fest: Stiftskirche Nonnberg.
- Dreikönigwasser-Weihe, Palmsonntag, Fatima Feier: St. Sebastian.
- Wöchentliche Mittagmesse: St. Michael, ich treffe Freunde und Bekannte.
- Heilige Stiege: Barmherzige Brüder am Karsamstag-Morgen.
- Heiliges Grab: Dom am Karsamstag als Abschluss der Passionszeit.
- Herz Jesu Prozession: Maria Plain am Herz Jesu Sonntag.
- Wallfahrt an Marien-Samstagen: Maria Plain. Erzbischof G. Eder (+) war überzeugt: „Bei ihr, der Mutter vom Plainberg, wird alles recht"!

Pfarrgemeinde mit mehr
oder weniger Bindung

Als ich von Zürich nach Salzburg kam, kannte absolut niemanden in dieser Stadt. In meiner Pfarre ging ich dann zum Kirchenchor. Auch trug ich in meiner Straße die wöchentliche Kirchenzeitung aus. Dabei legte ich sie nicht einfach in den Postkasten, sondern läutete und übergab sie jedes Mal persönlich. Eines Tages lud mich eine Frau in das Haus ein und es entstand eine bis heute andauernde wunderbare Freundschaft mit Edith und Walter. Inzwischen bin ich in Salzburg dreimal umgezogen und auch in der jetzigen Pfarre beheimatet. Man kennt sich und redet miteinander nach der Messe auf dem Kirchplatz und lädt sich gelegentlich auch nach Hause ein. Die Bittgänge in unserer Pfarre sind sehr einladend und haben ein gemeinsames Anliegen, nämlich Dank und Bitte. Nach der Dürre des Sommers 2004, die Hochwasserkatastrophe 2005 und den Wetterextremen seither, gehe ich gerne zu den drei Bittgängen vor Christi Himmelfahrt mit. So wuchs ich in die Pfarre hinein, auch sie gibt mir Geborgenheit.

Große Gedanken zu Zugehörigkeit und Heimat

„Hölderlin hat gesagt: ‚Am meisten vermag doch die Geburt.' Das spüre ich natürlich auch." sagte Benedikt XVI. „Ich bin in Deutschland geboren und die Wurzel soll und kann nicht abgeschnitten werden. Ich habe meine kulturelle Formung in D. empfangen. Meine Sprache ist deutsch und die Sprache ist die Weise, in der der Geist lebt und wirksam ist. Wenn ich Theologie treibe, tue ich es aus der inneren Form heraus, die ich an den deutschen Universitäten gelernt habe und leider muss ich zugeben, dass ich immer noch mehr deutsche als andere Bücher lese, sodass in meiner kulturellen Lebensgestalt dieses Deutschsein sehr stark ist. Die *Zugehörigkeit* zu dieser eigenen Geschichte mit ihrer Größe und ihrer Schwere soll nicht aufgehoben werden.

Aber bei einem Christen kommt schon noch etwas anderes dazu.

Er wird in der Taufe neu geboren, in ein neues Volk hinein, das alle Völker und Kulturen umfasst und in dem er nun wirklich *ganz zu Hause ist*, ohne seine natürliche Herkunft zu verlieren. (...) In dieses Volk muss man immer tiefer hineinwachsen, Die Wurzel wird zum Baum, der sich vielfältig erstreckt und das Daheimsein in dieser großen Gemeinschaft eines Volkes, aus allen Völkern, der katholischen Kirche, wird lebendiger und tiefer, prägt das ganze Dasein, ohne das Vorherige aufzuheben. Es bleibt (...) aber eingebettet und ausgeweitet in die große Zugehörigkeit, in die *Civitas Dei* hinein, das Volk aus allen Völkern, in dem wir alle Brüder und Schwestern sind."

Flug nach D, 2011, Frage der Journalisten, ob er sich noch deutsch fühle?

Geborgenheit in Arbeit und Pflicht

Wenn berufliche Routine bedrückend wird, der Beruf zu wenig Erfüllung schenkt, wenn viel Freizeit übrigbleibt, dann ist es Zeit für weitere Aufgaben. So bat ich Gott, mir eine Aufgabe zu geben, die mich ausfüllt, Er gab sie mir: Zunächst neben meinem Beruf Lehrkraft für Natürliche Empfängnisregelung und Anthropologie, später Studium der Wissenschaften für Ehe und Familie, dann beruflicher Neustart im Referat für Ehe und Familie. Der neue Beruf brachte viele Pflichten und

Herausforderungen, man wächst quasi über sich hinaus. Mit jeder Herausforderung lernt man auch Menschen kennen, neue Freundschaften wachsen.

In gute Nachbarschaft investieren

Gute Nachbarschaft ist ein Glück, auf dem Land wohl anders als in der Stadt, bei aller nötigen Privatsphäre. Man kann es nicht planen, manches fällt einem zu. Schön auf alle Fälle ist, seine Umgebung, die Menschen seiner Straße und Siedlung zu kennen: *Sein* Lebensmittelgeschäft, *seine* Tankstelle, *sein* Wirtshaus. Es ist persönlich, wenn man sich mit Namen anreden kann.

Vor einiger Zeit kam eine Frau aus der Nachbarschaft anlässlich einer Caritas Aktion in meine Wohnung. Sie sah die offene Nähmaschine und fragte, ob ich für sie nicht auch kleine Näharbeiten machen könnte, die sie dringend bräuchte. So ist die Nachbarschaft ist wieder ein Stück gewachsen.

Dazu ein interessanter Gedanke von Konrad Adenauers und seinem Lösungsansatz für das Problem Großstadt und Beheimatung. Es erscheint heute auch unter anderen Gesichtspunkten beson-

ders bedenkenswert: „Die Großstadt braucht ihre Bewohner nicht wurzellos machen. Man muss sie in langsamer, weitsichtiger Arbeit umbilden in einen Organismus, der aus einem Geschäftszentrum und in sich gegliederten kleinstädtischen, ja dörflichen Gebilden besteht. So gewährt auch die Großstadt ihren Bewohnern den Zusammenhang mit Erde und Natur, ja auch das haltgebende Zugehörigkeitsgefühl zu einer kleineren Gemeinschaft."
Konrad Adenauer, Bundeskanzler D. † 1967
Der Katholik und sein Europa, S. 94ff.

Anregungen zum Nachdenken

- Wo erlebe ich Geborgenheit?
- Was vermisse ich an Zugehörigkeit?
- In welchen Kirchen fühle ich mich wann beheimatet.
- Wie kann ich in Wohnung / Haus Geborgenheit schaffen?

8. Lob der Freundschaft, nicht nur der Liebe!

**„Alles spricht von Liebe,
warum nicht von Freundschaft?"**

So fragt *Marie-S. Lobkowicz*. Sie plädiert für Freundschaft und für ein erfülltes Leben vor Gott und den Menschen. Freunde und Freundschaft sind kostbare Schätze, sie machen unser Leben reich. Freundschaft ist der Wein des Lebens. Wenn Freunde beisammen sind, schaffen sie ein Stück Heimat, wo immer sie sind. Man kann Freundschaft weder erzwingen noch planen, allerdings kann man doch einiges für eine bereichernde Freundschaft beitragen.

Aus: Eine kleine Philosophie vom Glück.

Die wahre Freundschaft

Auch Josef Pieper, der große deutsche Philosoph, meinte einmal, dass zum Thema Freundschaft auffällig wenig in den Bücherregalen zu finden sei. Dabei sei die Freundschaft eine *Erscheinungsform der Liebe*, genauer gesagt die *Freundesliebe*. Aristoteles widmet der Freundschaft ein ganzes Buch. Für ihn gibt es Freundschaft nur unter Guten und im Hinblick auf das Gute, alles andere sind nur Karikaturen der Freundschaft, etwa um des Nutzens oder der Lust willen. Freunde müssen Wohlwollen füreinander empfinden und sich gegenseitig das Gute wünschen. Das Wort *Freund* gehört zur Sippe des gotischen Zeitwortes frijon (lieben) und ist in der germanischen Wurzel mit dem Wort Frieden verwandt. Im Lateinischen steht *amicus* zu *amare* wie *Freund* zu *frijon*. Man muss wissen, was Freundschaft ist, was sie fördert und was sie nicht verträgt. Denn: Auf Freunde muss man gut schauen.

Freundschaft und ihr Wesen

- Freundschaft braucht Zeit. Sie entzündet sich normalerweise nicht am Anblick des anderen, sondern an der Überraschung, dass da jemand anderer ist, der die Dinge genauso sieht, wie ich. Von ihm sagt man beglückt: Gut, dass du da bist!

- Freunde schauen sich nicht an wie Verliebte und reden auch anders, wenn sie über Freundschaft und Liebe sprechen.

- Ihr Blick ist auf Dinge gerichtet, für die sie sich gemeinsam interessieren. Gemeinsames Interesse. Freundschaft ist, wenn zwei dasselbe wollen und dasselbe nicht wollen, sagt ein altes Sprichwort.

- Freunde verbringen gerne Zeit gemeinsam. Daher haben sie gar kein Interesse, möglichst viele Freunde zu gewinnen, denn Freundschaft muss gepflegt werden.

- Die kostbaren Güter nicht suchen, sondern erwarten: Menschen, die sich bloß einen Freund wünschen, ohne nicht vorher selber einer sein zu wollen, finden eher keinen. Man muss geben wollen ohne Berechnung.

- Obwohl es in der Freundschaft keine Intimität gibt, ist dennoch der Freund (vielleicht) der einzige Mensch, vor dem man völlig aufrichtig redet und ohne Scheu laut denkt.
- „Überleben gelingt nur durch Freundschaft" sagen Menschen oft angesichts trister oder auswegloser Lebenssituation. So auch der große polnische Widerstandskämpfer Witold Pilecki der Auschwitz überlebte und von der Freundschaft und Gemeinschaft berichtet. Das Lager war ein Prüfstein des Charakters. Manche gerieten in einen moralischen Sumpf, andere wurden zu einem Charakter aus feinstem Kristall gemeißelt.
  Freiwillig nach Auschwitz;
  Orell Füssli Verlag Zürich.

Erziehung zur Freundschaft

Wie alle großen Tugenden lernt man auch Freundschaft zuerst und vor allem in der Familie. Wie tief kann Geschwisterfreundschaft sein! Freundschaften entstehen auch in der Schule und überall dort, wo man sich über längere Zeit einem gemeinsamen Ziel stellt, z. B. Ausbildung. Freundschaften dieser

Zeit dauern oft ein Leben. Echte Freunde bewähren sich in Glück und Leid. Die Fähigkeit, Freundschaft zu schließen, scheint Kindern und Jugendlichen leichter zu fallen. Erwachsene agieren eher berechnend, die Fähigkeiten des Herzens scheinen zu verkümmern. Freunde hat man selten in Mengen, zwei, drei ... dann ist man schon gesegnet.

Der kleine Prinz

„Die Menschen haben keine Zeit mehr, irgendwas kennenzulernen. Sie kaufen alles fertig in den Geschäften. Aber da es keine Kaufläden für Freunde gibt, haben die Leute keine Freunde mehr. Wenn du einen Freund haben willst, dann zähme mich", sagte der *Fuchs*.

Diese Parabel der Freundschaft, die mit ihrer anschaulichen Einfachheit mehr aussagt über die Freundschaft als manche theoretische Abhandlung

Worte der Weisheit

• China: Liebt der Himmel einen Menschen, schenkt er ihm einem Freund.

- Russland: Bei einem Freund trank ich Wasser, es schmeckte wie Wein.
- Spanien: Freunde, die umeinander wissen, grüßen sich von weitem.
- Unbekannt: Auf dem Weg zu deinem Freund soll kein Gras wachsen.
- Unbekannt: Freunde finden ist leicht, sie behalten ist schwer.
- Alles wirkliche Leben ist Begegnung. *Martin Buber*

Was sagt die Heilige Schrift?

Sie muss es wissen und spricht 163-mal vom guten und falschen Freund:

Sir 6, 14: Ein treuer Freund ist wie ein festes Zelt, wer einen solchen findet, hat einen Schatz gefunden. Sir 6,7: Willst du einen Freund gewinnen, gewinne ihn durch Erprobung, schenk' ihm nicht zu schnell dein Vertrauen. Spr 17, 17: Der Freund erweist zu jeder Zeit Liebe, als Bruder für die Not ist er geboren Spr 17, 9: Wer Fehler zudeckt, sucht Freundschaft, wer eine Sache weiterträgt, trennt Freunde. Sir 6, 5: Sanfte Rede erwirbt viele Freunde, freundliche Lippen sind willkommen. Sir 6, 10:

Mancher ist Freund je nach der Zeit, am Tag der Not hält er nicht stand. Sir 9, 10: Gib einen alten Freund nicht auf; denn ein neuer hält nicht zu dir. Neuer Freund, neuer Wein: Nur alt trinkst du ihn gerne.

Anregungen zum Nachdenken

- Welche Erfahrungen habe ich mit Freundschaft?
- Welche Eigenschaften hat ein wahrer Freund?
- Danke und bete ich für meine Freunde?

9. LEBENSPHASEN UND ÜBERGANG DURCH KRISEN

**Charakter ist Treue zum eigenen Wesen,
auch zu seiner Begrenzung.
Der Mensch darf nicht immer wieder ein
anderer sein wollen.**

„Der Blick, den ich hier meine, hat die Ehrfurcht, die Dinge sein zu lassen, was sie an sich sind ... Sobald der Mensch eine hinreichende Strecke des Lebens durchmessen hat, wird dieser Blick zur Weisheit. Denn wie er die Dinge sieht, sieht er auch und immer klarer, Bedingungen, Grenzen und Stufen. Er sieht, was groß ist und was klein, unterscheidet das Edle und das Niedrige und versteht, wie Leben und Tod einander durchflechten".
Romano Guardini, Die Lebensalter, ihre ethische und pädagogische Bedeutung, Topos Verlag.

Die Lebensalter

Der große italienisch-deutsche Theologe des vergangenen Jahrhunderts, Romano Guardini, charakterisiert kurz und zutreffend typische Anforderungen und Probleme der verschiedenen Lebensabschnitte. Für Singles scheint mir vor allem ein Kapitel wichtig zu sein: *Der mündige Mensch und die Krise durch Erfahrung* Das Buch ist neu aufgelegt im Topos Verlag. Auf Grund der nötigen Kurzfassung sind nur die Hauptphasen dargestellt.

Demnach bringt jeder Lebensabschnitt ein besonderes Erleben und spezifische Schwierigkeiten mit sich. Guardini ordnet den einzelnen Phasen jeweils Werte zu, die zur Reifung der Person notwendig sind. Das Leben eines Menschen kann man in Abschnitte oder Zyklen zu je sieben Jahren einteilen, die in seinem Buch jeweils ein Kapitel darstellen. Zwischen den Phasen ist eine Erfahrung großer Krise. So ist das ganze Leben ein Kampf des Reifens auch durch vorhersehbare Ereignisse und Krisen. Defizite und Fehlentwicklungen in einem der kindlichen Zyklen können unter bestimmten Bedingungen im nächsten heilen, also können Eltern Vieles im Nachhinein gut machen.

Lebensphasen

- Kindheit bis Schuleintritt
- Vorpubertät
- Pubertät: Krise des Verlassens der Kindheit
- Der jugendliche Mensch und Krise der Erfahrung
- **Der mündige Mensch und Krise durch Erfahrung der Grenze**
- Der ernüchterte Mensch und Krise der Loslösung
- Der weise Mensch, die goldenen Jahre, Rückblick und Erinnerung

Der mündige Mensch und Grenzerfahrung

Im Hinblick auf *Jahre und Situation der Singles*, möchte ich nur **Zyklus fünf** ansprechen, auch des passenden Alters wegen. Es handelt sich um die Phase der vollen Kraft. Eine Zeit, in welcher die Schaffenskräfte geistiger und vitaler Art am unmittelbarsten erlebt werden. Physiologisch ist es die Zeit, in welcher sich der Elan der Jugend verlangsamt und zugleich eine Tiefe und Entschiedenheit zuwächst. Es ist auch die Zeit, in der der Mensch am meisten bereit ist, Lasten auf sich zu nehmen, sich Arbeit zuzumuten, Kraft und Zeit ins Werk zu werfen, ohne zu sparen.

Übergang mit Krise

Ein immer deutlicheres Gefühl für die Grenzen der eigenen Kraft zeigt sich. Der Mensch erlebt, dass es ein Zuviel gibt an Arbeit, Kampf und Verantwortung. Hinter jeder Anforderung taucht eine größere auf und man sieht kein Ende. Denken wir daran, was es bedeutet, ein Haus und Familie zu gründen, Haushalt, Ehe und Familie aufrecht zu halten, einen Beruf zu verwirklichen, einen Betrieb zu leiten, öffentliche Funktionen zu erfüllen. Welche Spannungen, Schwierigkeiten, Widerstände sind zu bewältigen! Das alles kommt langsam ins Bewusstsein und während früher ein Gefühl von Reserven, Initiativen, Kraft und Einfallsfähigkeit lebendig waren, machen sich nun Grenzen bemerkbar. Die Erfahrung der Müdigkeit lässt Illusionen platzen. Bisher haben Ernst, Entschlossenheit, Verantwortung für das Gründen, Bauen, Kämpfen das Bewusstsein bestimmt. Nun verliert das alles seine Frische und Neuheit.

Der Reiz der frischen Begegnung, des neu Unternommenen verliert sich. Das Dasein bekommt den Charakter des Bekannten. Der Mensch weiß Bescheid, eine Routine stellt sich ein, Dinge wiederholen sich. Und immer mehr enthüllt sich die Armseligkeit des Daseins. Man erlebt Enttäuschungen an Menschen, auf die man einmal Hoffnung setzte. Der Überdruss meldet sich, eine gewisse tiefe Enttäuschung, die weniger von einzelnem, als vielmehr von der ganzen Breitseite des Lebens kommt.

Und diese Kraft des Lebens wird im weiteren Verlauf der Jahre schwächer. Der Blick wird schärfer. Das Herz vertraut weniger. Es wird immer deutlicher, dass die Versprechungen nicht gehalten werden. Daraus kommt allmählich die große Ernüchterung. Aus alledem zieht sich eine Krise zusammen und die Entscheidung geht darum, ob die Ernüchterung und Enttäuschung die Oberhand bekommt. Ob der Mensch zum Skeptiker und Verächter wird oder ob er jene Bejahung des Lebens

vollzieht, die aus Ernst und Treue kommt und ein neues Gefühl für den Wert des Daseins gewinnt.
Gedeutetes Dasein, R. Guardini

Wie reifes Korn

Es folgen im siebten Zyklus die goldenen Jahre, in denen die Erinnerungen wichtiger werden als die Zukunftsträume. Sie leiten über in die Wechseljahre, die nicht nur zum Alter, sondern auch zur Weisheit führen sollen. In Afrika wird eine Frau nach den Wechseljahren zur Mittlerin der Weisheit, sie wird aufgenommen in den *Rat der Weisen*. Sie hat jenen Vorgang erlebt, durch welchen alle Entwicklungsstadien der Frau integriert werden. Demnach gilt in Afrika: Wenn ein alter Mensch stirbt, brennt eine ganze Bibliothek ab.

Anregungen zum Nachdenken

- In welcher Lebensstufe stehe ich?
- Bin ich die Stufen gegangen oder gestolpert?
- Habe ich Dinge, die nicht heil sind und heil werden sollen?

- Kann ich Trauerarbeit bzgl. unerfüllter Wünsche, Wut, Resignation benennen?
- Wann erlebe ich erfüllendes Sein und warum?

10. SINNERFÜLLUNG STATT ICHVERWIRKLICHUNG

Größe ohne Opfer gibt es nicht.
Alles Starke wächst aus dem Verzicht.
Unbekannt

Selbstverwirklichung und
Ich-Verwirklichung sind Gegensätze

Die Selbstverwirklichung ist notwendig, sie ist Entfaltung, um seinen Platz, seine Aufgabe zu finden und zu verwirklichen. Hingegen kreist die ICH-Verwirklichung um sich selbst, das ist Egoismus, sagte Kurt Kardinal Koch.
(Fachtagung des Institutes, RPP, in Heiligenkreuz, 7. 12. 2012)

Viktor Frankl, Begründer der Logotherapie, sprach beim 12. Internationalen Familienkongress in Wien 1988. Ich durfte dabei sein, seine Lehre hat mich

tief und nachhaltig beeindruckt und passt zu unserem Thema. Hier ein Auszug seines Vortrags.

Sinnerfüllung statt Selbstverwirklichung

Alle reden von Selbstverwirklichung! Selbstverwirklichung ist ein Widerspruch in sich! An sich
ist Selbstverwirklichung durchaus wünschenswert,
aber dieses Schlagwort wird allzu oft missverstan-
den und dient dann als Alibi für egozentrisches,
ja egoistisches Verhalten. Vor allem wird nicht gesehen, dass sich Selbstverwirklichung eigentlich
nicht anstreben lässt, da es sich vielmehr als jeweils
unbeabsichtigte Nebenwirkung von selbstloser
Hingabe entweder an eine Aufgabe oder an den
Partner – ganz von selbst – einstellen muss wie
der Amerikaner Maslow, Begründer der Selbstver-
wirklichungstheorie, schließlich zugeben musste.

Ganz Mensch wird der Mensch erst und er
kann seine ureigensten Möglichkeiten erst verwirklichen im Dienst an einer Sache oder in der
Liebe zu jemand anderem. Macht er hingegen
Selbstverwirklichung zum Ziel seines Strebens, so
hat er eben dieses Ziel auch schon verfehlt. Es geht

ihm dann so wie mit der Lust: direktes Anpeilen ist kontraproduktiv. Das sehen die Nervenärzte an den Sexualneurosen: Je mehr es unseren Patienten um die Lust geht, desto mehr entgeht sie ihnen. Die Jagd nach dem Glück verjagt es und dies ist die eigentliche Ursache von Störungen der Potenz und des Orgasmus. Das heute sich so sehr ausbreitende Sinnlosigkeitsgefühl fördert natürlich die Tendenz zum Rückzug von der Welt auf sich selbst. So wie der Bumerang nur dann zum Jäger zurückkehrt, wenn er das Ziel, die Beute verfehlt hat, so wendet sich der Mensch nur dann auf sich selbst zurück und ist erst dann so sehr um seine Selbstverwirklichung bemüht und bekümmert, wenn er in seinem ursprünglichen Anliegen, in seinem Leben einen Sinn zu finden und dann auch erfüllen zu können, frustriert wird. Diese existenzielle Frustration schlägt sich dann freilich auch noch in einem massenneurotischen Syndrom nieder, das sind die Trias: Depression, Aggression, Addiction. Dazu: Suizidalität, Kriminalität und Drogenabhängigkeit. Sie alle lassen sich, und zwar empirisch nachweisbar, auf das *Leiden am sinnlosen Leben* zurückführen.

Zum Glück zeichnet sich
eine Trendwende ab

Von der Selbstverwirklichung zur Sinnerfüllung. Oswald Spengler, der den *Untergang des Abendlandes* falsch prognostiziert hatte, hat sehr wohl die heute akut gewordene Sinnkrise und die heute aktuell werdende Sinnfrage richtig prognostiziert, wenn er bereits 1936 schrieb: „Bevor das Jahrhundert zu Ende geht, werden Menschen von tiefem Geist sich mehr dem Nachdenken über den Sinn des Lebens zuwenden als der Wissenschaft und Technik, die heute die Menschen fesseln". Erste Hilfe zur Sinnfindung leistet die Familie. Sie lehrt nicht nur, für jemanden da zu sein, sondern auch, füreinander da zu sein. Sie ist der Ort gelebter Selbsttranszendenz! Die Frage heute ist die nach dem Sinn.

Viktor Frankl, Autor zahlreicher Bücher, u. a. Der Mensch auf der Suche nach Sinn. Frankl war von 1942–1945 Gefangener in den Konzentrationslagern Dachau und Auschwitz.

Elternsegen – ein starker Segen

Unsere Mutter hat uns Kinder gewöhnlich mit einem Segen und Weihwasserkreuz verabschiedet. Einer ihrer *Großen Segen* ist mir wegweisend geworden und auf unglaubliche Weise zu meiner Berufung geworden. Es war an einem der Muttertage, gewöhnlich mit Besuch ihrer Kinder und anwachsende Enkelschar. Solche Tage waren für mich schwer, ich war traurig, weil ich keine eigene Familie hatte. Der Tag ging zu Ende, die Familien hatten sich schon verabschiedet und ich wollte als letzte gehen. Da hielt sie mich zurück und sagte: „Maria, ich muss dir was sagen. Du hast eine andere Berufung! Du wirst Mutter vieler Kinder werden".

Wieder einmal hatte sie meinen stillen Schmerz beobachtet, der sich bei solchen Familientreffen einstellte. Ich nahm diesen Segen nicht als etwas Besonderes wahr, ließ es praktisch über mich ergehen ohne daran zu glauben.

Allerdings sollte ich mich später daran erinnern. Bald zeichnete sich die neue Aufgabe ab, die irgendwie genau auf mich zugeschnitten war. Es war die Entdeckung von Humanae Vitae und der Beginn einer diesbezüglichen Vortragstätigkeit über die Natürliche Empfängnisregelung und deren Lebensstil. Mich faszinierte dabei sowohl das medizinische und biologische Wissen, als auch das biblische Menschenbild. Es begann ein spannender Weg und ist bis heute geblieben. Nach der Ausbildung begann eine reiche Vortragstätigkeit. Dabei war ich ständig von Familien und Kindern umgeben. „Mutter vieler Kinder", sagte meine Mutter doch! Ein Wort aus der Bibel kommt mir in den Sinn: Die Unfruchtbare bekommt sieben Kinder, doch die Kinderreiche welkt dahin (1 Sam 2 1–10). Dieser Weg führte mich dann zum Studium der Wissenschaften für Ehe und Familie und schließlich in den neuen Beruf im Referat für Ehe und Familie. Ja, der Elternsegen ist ein starker Segen!

Wie kann ich meine Berufung erkennen?

Mehr denn je sehe ich heute die Schönheit der Liebe zwischen Mann und Frau. So weiß ich, worauf ich verzichte. Mein Leben möge ein Zeugnis sein, dass es erfülltes Leben gibt, auch wenn der Wunsch zu heiraten unerfüllt bleibt. Auf etwas Schönes, Gutes, Großes, Wertvolles verzichten zu können um einer anderen Berufung willen. Dabei entdeckte ich, dass die Aufgabe, die ich heute habe, gut auf mich zugeschnitten ist. Den Plan Gottes für dein Leben kann niemand anderer übernehmen. Deshalb sage nie: Was kann denn schon ein Mensch bewegen? Nicht der Mensch, aber Gott kann mit einem Menschen Großes und Wichtiges tun. Das Entscheidende ist, das „mir geschehe nach deinem Willen" immer wieder neu zu sagen. Genau durch den Stand, den ich einnehme, kann ich meine ganze Kraft für Ehe und Familie einsetzen. „Eine Freundin hat mir geholfen, meine Berufung zu finden", sagt Maria E.

Anregungen zum Nachdenken

· Welche Hindernisse hemmen und hindern mich?
· Welche längerfristigen Visionen habe ich?
· Was muss ich tun, um es zu erreichen?

II. Erfülltes Leben trotz unerfüllter Wünsche

**Die Lebensweisheiten meiner
Mutter haben mich stärker geprägt als
Philosophen und Kirchenväter.**
Ludwig Kardinal Müller

Nun ist es Zeit ...

Man weiß es insgeheim, man spürt es auch, auf Grund der fortgeschrittenen Jahre und hat keine Illusionen mehr. In früheren Kapiteln dieses Buches habe ich in zur Hoffnung ermutigt, noch immer die schöne Liebe zu erwarten und sie zu finden. Nun ist es Zeit, sich mit dem Gedanken an das bleibende Alleinleben anzufreunden und es als Berufung anzunehmen. Es ist Zeit, die schönen Seiten des Single-seins zu entdecken und im Leben dahinter zu stehen. Nicht-verheiratet-sein ist ein

Kraftwerk an anderen Möglichkeiten, an erfülltem Leben und Reichtum gerade im Alleinsein.

Schluss mit Selbstvorwürfen und Schuldgefühlen. Zeit, nach vorne zu schauen. Die offenen Wünsche schultern statt schleppen, lächeln statt traurig sein. Dieser Akt ist eine Entscheidung, ein wiederholt gesprochenes Ja! Das ganze Leben ist eine Aneinanderreihung von mehr oder weniger wichtigen Entscheidungen, freilich sind Lebensstand, Schicksal und Glaube die wichtigsten.

„Ik höre immer Schicksal, Jott heißt der Mann!"
Berliner Dialekt des Katholiken Konrad Adenauer im Bundestag.

Heute Ehe und Familie leben, ist eine ebenso große Herausforderung wie das Alleinleben. Viele Verheiratete würden gerne (zumindest zeitweise) ledig sein und natürlich gilt das auch umgekehrt. Ein Priesterfreund meinte kürzlich, dass für ihn als junger Priester der Zölibat schwer gewesen sei. Doch heute, nach Jahrzehnten Seelsorge, nach allem Einblick in Ehe und Familie, hatte er die guten Seiten des Zölibat längst schätzen gelernt.

Geheimnis der Zufriedenheit

„Wenn wir unser Leben aus Liebe verlieren, finden wir es wieder...Nicht nur die Jugend will das Große, wir alle spüren diese Sehnsucht!"
Benedikt XVI., 21. Februar 2007.

- Den Tag mit Gott beginnen und fragen: Was ist heute das Wichtigste? Sich in Dienst nehmen lassen. Große, aber auch kleine Aufgaben zu finden.
- Raster machen für Tag, Woche und Jahr. Nicht traurig sein, wenn man aussteigen muss, weil es nicht immer klappt, einfach wieder einsteigen! „Einfach immer weiter machen", würde der Torwart Oliver Kahn sagen.
- Nicht bitter werden! Otto von Habsburg antwortete auf die Frage, warum er auf Österreich nicht bitter sei, nach alledem, was ihm angetan wurde: „Was mehr als zwei Jahre nicht bereinigt ist, muss man innerlich abschließen. Nur nicht bitter werden! Das sagte unsere Mutter und lebte es uns vor."
- Wo nötig, Vergebung schenken und Heilung finden letztlich in der Beichte: „Kaum ist das

Wort auf der Zunge da ist schon die Wunde im Herzen geheilt", sagte der Hl. Augustinus.

- Neue Aufgaben annehmen in- und außerhalb der engeren Kreise. Wer sich brauchen lässt, bleibt nicht unentdeckt. Die ledigen Tanten und Onkeln sind übrigens ein kostbarer Schatz. Jeder Mensch ist einzigartig. In einem Copy Shop entdeckte ich den Spruch: „Sag nie, was kann denn schon *ein* Mensch!" Im Hintergrund des Plakates war Mutter Teresa angedeutet.

- Kultur entfalten auch für mich allein, aktiv sein, nicht passiv! Advent, Weihnachten, Ostern und das ganze Kirchenjahr so feiern, wie ich es mir für eine Familie oft gewünscht habe. Und wenn mich doch Einsamkeit anfliegt? Diese Zeiten mit anderen *Alleinstehende*n feiern, Freunde einladen oder besuchen.

- Die sogenannte Selbstverwirklichung, Diktatur des Zeitgeistes, entblößen: Inneres Wesen ausstrahlen, statt äußeres Theater machen. Du brauchst dich jetzt niemandem mehr beweisen, weder mit Erfolg noch mit Schönheit, sagte eine jüdische Journalistin.

- Einen neuen Lebensabschnitt beginnen, neue Perspektiven sehen und längerfristige Visionen haben: Was will ich jetzt angehen? Was muss ich tun, um es zu erreichen? Welche sind die Hindernisse, um weiterzukommen.

- Freundschaften pflegen, nicht gepflegte verkümmern nämlich. Seit vielen Jahren treffen wir uns zur Sonntagrunde, wie ich schon erzähle

- Alterstugenden entfalten: Güte und Geduld mit den anderen und sich selbst. Bei meiner Mutter erlebte ich, wie sie im Alter immer mehr über dem Tagesgeschehen stand. Diese Gelassenheit war wohltuend für alle in ihrer Umgebung.

- Den Körper und seine Bedürfnisse nicht vernachlässigen: Gönne dir Erholung, regelmäßige körperliche Bewegung, ausgewogene und richtige Ernährung und genug trinken, Traurigkeit trocknet aus.

- Lerne Begrenzung lieben und Kleinigkeiten sehen: Entdecke die bunten Gräser im Blumenstrauß deines Lebens, nicht bloß die großen Blüten. Dankbarkeit entfalten hält den Blick rein, für all das Gute und Schöne.

- Wer viele Interessen pflegt, ist ein reicher Mensch. Er bringt sich leicht ins Gespräch, schenkt Lebendigkeit und neue Kontakte. Seit ich in Pension bin, kann ich endlich im Chor singen, musizieren, schöpferisch nähen oder reparieren für die ganze Familie, lesen und studieren.

- Die „normale" Traurigkeit gehört zu gewissen Lebensphasen und Übergängen. Das zu wissen, hilft uns selbst und lässt uns andere trösten. Wir tragen nach Jahrzehnten des Lebens auch Gepäck. Doch sollen wir Bewältigtes nicht wieder und wieder aufrollen, der Film rollt nicht rückwärts. Traurigkeit auch als Versuchung erkennen und abweisen: Jesus hilf, ich will diese Gedanken nicht!

Was zählt und bleibt?

„Es bleibt das, was man verschenkt hat", ist der große österreichische Dirigent Robert Stolz überzeugt. Er wurde anlässlich seines hohen Geburtstages gefragt, was denn von ihm und seiner Musik bleiben werde und ob er stolz sei auf sein Werk: „Nein, stolz nicht, aber glücklich!"

- Lass dich nicht gehen: Das Kreuz, das unser Leben begleitet, nicht nachziehen, sondern schultern, immer wieder, wie Jesus beim Kreuzweg.

- Gönne den Liebenden das Glück, du siehst nur die eine Seite. Auch in glückliche Ehen gibt es Gewitterecken. Die Ehe kann nur erfüllte Menschen glücklich machen. Ehe ist keine Medizin für verkappte Egoisten. Einsamkeit in der Ehe ist schlimmer als Einsamkeit allein. Liebe und es ist egal, ob Du heiratest oder nicht!
- Immer wieder ja sagen zu meinem Leben, nüchtern und tapfer. Das Ist eine Kunst, die Gott schenkt und die man lernen muss!

Macht uns die Gesellschaft krank?

Der österreichische Psychiater Raphael Bonelli meint aktuell dazu: „Wir werden auch durch eine falsche Anthropologie (Lehre vom Menschen) krankgeredet. Es ist nicht gut, ständig auf seine Gefühle zu achten. Es gibt eine zunehmende Wehleidigkeit und Selbstbeobachtung, die ins Ungesunde geht. Wir haben heute eine deutlich größere Gruppe von Menschen, die an sich selbst und am Leben leiden und nicht mehr die Ressourcen haben, mit diesem Leiden umzugehen.

Quellen zur Resilienz: Familie, Vertrauenspersonen, Gruppen im religiösen Bereich, Sinnstruk-

turen. Wir wissen, dass Religiosität ein Faktor ist, der die Psyche stabilisiert. Das ist empirisch erwiesen. Der Religionsverlust geht einher mit einem Identitätsverlust, mit Orientierungslosigkeit und einem Gefühl der Sinnlosigkeit."
Interview, Die Tagespost, 22. März 2018, S. 2–3.

Wo Gott ist, da ist Zukunft

„Nur wenn wir alles, was wir erleben, zu einer Einheit zusammensetzen und im Herzen bewahren, können wir in der Nachfolge Marias in das Geheimnis Gottes eindringen, der aus Liebe Mensch geworden ist und uns ruft, ihm auf dem Weg der Liebe zu folgen, einer Liebe, die jeden Tag in einen großmütigen Dienst an den Brüdern und Schwestern umzusetzen ist. Wir können sicher sein: Wenn wir nicht nachlassen, sein Antlitz zu suchen, wenn wir nicht der Versuchung der Mutlosigkeit und des Zweifels nachgeben, dann bleiben wir trotz der vielen Schwierigkeiten immer in Ihm verankert."
Benedikt XVI, Predigt 1. Jänner 2008.

12. Späte Liebe, warum nicht heiraten?

**Märchen, ob lang,
ob kurz, sind immer schön!**

Warum nicht heiraten? So dachte ich, als meine Jugendliebe nach mehr als vierzig Jahren plötzlich auftauchte? Bei beiden hatte die Liebe überlebt und beide waren wir frei. Es war tatsächlich eine späte jugendliche Zeit. Wir hatten gegenseitig viel, viel zu erzählen und stellten uns gegenseitig den Familien und Freunden vor. Ich begann mir vorzustellen, ob ich meine Wurzeln noch heben und in neuen Boden einlassen könnte. Umgekehrt gab es keine solchen Gedanken zu wälzen, er konnte und sollte das auch nach meiner Überzeugung nicht tun – ich kenne die Gegebenheiten eines Bauernhofes. Pendeln (200 km) wäre die Alternative, die natürlich auch viel Unruhe bedeuten würde. Ein „zusammenziehen" ohne Hochzeit, wie das leider heute üblich ist, kam für mich ohnehin nicht in Frage. So hatten wir Zeit, zumindest meinte ich das, die Liebe zu prüfen. Dann stellte sich bald heraus, dass wir beide ausgeprägte Persönlichkeiten geworden waren mit gereiften Überzeugungen. Auch fehlt ein langes Stück gemeinsamer Lebensgeschichte. Es ist zu wenig, nur Wochenenden miteinander zu leben und Reisen zu machen. Es braucht, auch im Alter, eine gemeinsame Aufgabe und ein gemeinsames Ziel. Zu unterschiedlich sind unsere Leben verlaufen, zu unterschiedlich unsere Interessen. So entschieden wir uns zu neuer alter Freundschaft, die Liebe hatte einen Abschluss gefunden. Es war eine gute, richtige Entscheidung, bin ich überzeugt, nach nun schon wieder geraumer Zeit.

Katholische Lösungen für späte Liebe?

In bestimmten Situationen wird man oft von Menschen mit ähnlichen Ereignissen angesprochen. Sie fragen oder erzählen von sich aus, wie sie das gelöst haben. Grundsätzlich gilt: Für Liebe und Hochzeit ist es nie zu spät, solche Geschichten gibt es sogar in Altersheimen.

Walter erzählte mir von seinem Bekannten, der Witwer geworden war. Nach der Trauerzeit fragte er eine Witwe, ob sie zu ihm ziehen wolle (die beiden Ehepaare kannten sich lange und nun waren beide verwitwet). Die Frau war bereit unter den Voraussetzungen, dass sie heiraten und dennoch (vorläufig) beide Wohnungen behalten sollten, da die Lebensgewohnheiten so ausgeprägt waren, dass es zu Spannungen kommen könnte. So haben sie es dann gemacht.

T. und E., ich kenne sie gut, haben ihre beidseitige Witwenschaft mit kirchlicher Hochzeit gelöst. Sie haben noch ein Haus gebaut und sind miteinander glücklich, wovon man sich überzeugen kann, sooft man sie sieht. Sie nehmen in Pfarre und Öffentlichkeit viele Aufgaben gemeinsam war.

Frau Ch. aus unserem Chor, 55 Jahre, ledig, lernte einen Witwer kennen, beide aus Freikirchen, die Liebe ist zur Entscheidung gereift, sie haben geheiratet. Ch. ist jetzt vorläufig 2–3 Tage bei auf dem Bauernhof, die andere Zeit in ihrer Wohnung und berufstätig.

Frau B. Jenseits der sechziger habe sie einen Witwer getroffen, den sie von früher gut kannte. Sie haben gemeinsame Zeit verbracht um sich zu prüfen. Sie haben sich gemocht und gut verstanden. Er habe ihr vorgeschlagen, in seinem Haus ein Zimmer zu nehmen. Doch, sie ist gläubige Katholikin und wusste, dass das so nicht passte. In Exerzitien fragte sie auch den Priester, der meinte: „Sie können doch in Ihrem Alter Ihre Grundsätze nicht einfach über Bord werfen, das Gewissen wird ständig anklopfen." Sie wusste, dass das die Wahrheit war und hat ihrerseits die Beziehung gelöst. Sie wusste: Nicht heiraten und sexuelle Beziehung leben, geht nicht für den Christen. Dann meinte sie noch: „Auch ist man dumm, ohne Rechte in das Haus einzuziehen, man müsste jeder Auseinandersetzung aus dem Weg gehen, zumindest hätte man subjektiv immer das Gefühl, sehr brav sein zu müssen, sonst könne man ja gehen." Auch möchte sie nicht immer vorgestellt werden als *Begleitung oder Freundin*, da hat man ja keine Stellung. Sie hat es geprüft, die richtige Entscheidung getroffen und der Mann habe kurze Zeit später eine neue Freundin gehabt. Das habe ihr geholfen, nicht länger an ihm zu hängen, sie sei ernüchtert.

Nur ambulant!

Witwen, also Frauen, wollen in der Regel nicht mehr heiraten, wie mir einige schilderten. In der BR Sendung *Fastnacht in Franken* fasste das eine Darstellerin in wenige Worte: „Nochmals einen Mann im Haus? Nein, und wenn, dann nur mehr ambulant und nicht mehr stationär."

ANHANG

Der „rote Faden"

Verstehen kann man das Leben erst rückwärts – leben muss man es vorwärts.

Die Beschäftigung mit meiner Biografie hat mir erneut gezeigt, wie mein konkretes Leben und meine Berufung verwoben sind. Längst bin ich für mein reich erfülltes Leben dankbar und kann frei über Schönheit und Schmerz reden. Schließlich habe ich jene Aufgabe gefunden, die ein Single-Leben geradezu erforderte. Solche Berufe gab es in der Vergangenheit und gibt es auch heute. Eine große Aufgabe hat auf mich gewartet. Deshalb habe ich auch im Anhang in Kürze die wichtigsten Ereignisse wie einen roten Faden meines Lebens aufgeschrieben.

Das Elternhaus

Es ist das Elternhaus, in dem man seinen Weg ins Leben, aber auch den Glaubensweg finden konnte. Unser Bauernhaus war reich an Leben: Sechs Kinder, drei Generationen, dazu Tanten und Gesinde. Bescheiden und kinderreich waren damals die meisten Familien auf dem Lande. Großeltern und Eltern waren „tief gläubige Katholiken". Unsere Mutter, besonders sie, hat intuitiv „Hauskirche" gelebt und noch heute erinnere ich mich gut an einen Vers eines Muttertaggedichtes: „Priesterin bist du im Alltagskleid". Viel später haben wir zu diesen Themen wunderbare Gespräche geführt, ich konnte Mutter theologisch begründen, wie richtig sie ihr Wissen um die Hauskirche umsetzte.

Meine Eltern haben ihr Äußerstes getan, damit ihr ältester Sohn studieren und Priester werden konnte, eine große Freude für die ganze Familie. So war es selbstverständlich, dass wir – ich war das älteste Mädchen – nacheinander am Bauernhof mitarbeiteten. Ich hatte gute Zeugnisse, die Lehrer ermutigten meine Eltern zu einem Studium. Aber auf Grund der Mitarbeit am Bauernhof reichte es nicht einmal für die Hauptschule.

Berufs – und Auslandserfahrungen

1970 diplomierte ich als Krankenschwester in Linz und ein Jahr später ging ich mit meiner Freundin nach Zürich, um die Ausbildung für das Diplom OP-Schwester zu machen, was es in Österreich nicht gab. An der Universitätsklinik in Zürich absolvierte ich alle chirurgischen Fachabteilungen, einschließlich Herzchirurgie, Transplantationschirurgie, Schädel- und Wirbelsäule Mikrochirurgie und Schwerverbrennungszentrum. Aus den vorgesehenen zwei Jahren der Ausbildung wurden schließlich sechs, in denen ich vieles erleben und nachholen konnte, was in der einfachen aber glücklichen Kindheit mit achtklassiger Volksschule eben nicht möglich war.

Alles war so neu, ich war lernbegierig und vielseitig interessiert. Da war der interessante Beruf. Dann bieten sich in der viersprachigen Schweiz romanische Sprachen an, ich besuchte einige Semester Abendkurse in Italienisch und absolvierte ein Semester an der Ausländer Universität Perugia, Italien. Diese Sprache sollte später für mich noch sehr wichtig werden. Auch im Sport holte ich nach, lernte Schwimmen, Schifahren und Eislaufen. Dann die Musik, ich nahm Stunden in Klassischer Gitarre. Mein Gitarre Lehrer in Zürich war zufällig Leiter einer Freikirche und so kam ich in Kontakt mit dieser Gemeinschaft. Eifer und Bibelwissen der Freikirchen machte mir großen Eindruck. Trotz christlichem Elternhaus und gutem Religionsunterricht, konnte ich kritische Anfragen und Vorurteile gegen die katholische Kirche nicht schlüssig beantworten, ich hatte noch den Volkschule-glauben. Schließlich musste ich feststellen, dass die Freikirchen voll Vorurteile, Hass und Missverständnisse der Katholischen Kirche gegenüber sind, nennen sie Sekte und drängten mich, aus der Kath. Kirche auszutreten. So entschied ich, mich von ihnen zu trennen und gleichzeitig, mich im katholischen Glauben weiterzubilden, was ich seither nicht mehr aufgehört habe zu tun. Den Glauben soll man so gut kennen wie den Computer, sagte Papst Benedikt XVI. bei einem Weltjugendtreffen. Heute kenne ich den Glauben besser als den PC. Ansporn zur Entscheidung im Glauben und ständige Weiterbildung verdanke ich also der Begegnung mit Freikirchen.

Freunde und Freundschaften

Nach sechs Jahren kehrte ich nach Ö. zurück. In Salzburg kannte ich niemanden, ich wollte nur kurz dableiben und dann heimgehen ins Mühlviertel, wo inzwischen ein Krankenhaus gebaut worden war. Aber es kam ganz anders. Das Krankenhaus Rohrbach war schnell besetzt mit Schwestern, die alle auf einen Arbeitsplatz in dieser Region warteten.

Ich blieb also in Salzburg und lernte bei einem Treffen einer kirchlichen Erneuerungsbewegung meine langjährige Freundin Gertraud E. kennen. Wir sind Freunde, solange ich in Salzburg bin. Durch sie lernte ich das evangelische Ehepaar Walter und Ingrid Trobisch und ihre mehrtägigen Eheseminare kennen. Ausgerechnet in dieser Evangelischen Veranstaltung lernte ich Humanae Vitae (HV) kennen, wieder eine weitreichende Begegnung. HV ist natürlich kein Titel im evangelischen Eheseminar, aber Sinn und Lebensweise der Natürlichen Empfängnisregelung sind universal und sehr wohl bekannt: „NER ist keine kath. Sonderlehre", sagte Walter und Ingrid ergänzte: „NER ist weder das Wichtigste noch das Einzige in einem Eheseminar, aber es ist die Grundlage für praktisch alle anderen Themen." Daraufhin besuchte ich Kurse der Natürlichen Empfängnisregelung und lernte den großen österreichischen Wissenschaftler und Begründer Prof. Dr. Josef Rötzer kennen. Mit ihm und seiner Tochter Elisabeth verbindet mich seither zudem eine schöne, lange Freundschaft. Schließlich absolvierte ich die Ausbildung zur Lehrkraft und konnte eine reiche Vortragstätigkeit starten.

Studium der Wissenschaften von Ehe und Familie

Bei Kursen und Kongressen der NER hörte ich von der Neugründung eines Institutes, wo Laien studieren konnten. Johannes Paul II. gründete das *Päpstliche Institut der Wissenschaften von Ehe und Familie* für den deutschen Sprachraum. Ich informierte Erzbischof Georg Eder und riet ihm, doch Priester oder Pastoralassistenten zum Studium zu schicken. Er hatte niemanden, den er schicken konnte und sandte mich. Ich war vierzig Jahre alt und hatte keine Matura. Doch innerlich war ich vorbereitet für diesen Ruf, dennoch war es schon eine kleine „Abrahams Geschichte". Als ich den Plan zu Hause mitteilte, sagte meine Mutter überraschend: „Maria, das habe ich immer schon gewusst." Zur Studienberechtigung hatte ich vieles vorzuweisen an beruflicher und privater Qualifikation und das Fehlende absolvierte ich (u. a. das kleine Latinum). Die Vorlesungen waren in Englisch und Deutsch. Die überzeugte Idee Johannes Paul II. war folgende: Wenn die Humanwissenschaften seriös arbeiten, werden sie die Weisheit des Schöpfers über Ehe und Familie bestätigen. Also war das Zentrum der Studien Theologie und Philosophie, drum herum gruppieren sich die Humanwissenschaften: Pädagogik, Psychologie, Medizin, Soziologie, auch Geschichte und Medien.

Als Absolvent dieses Studiums konnte man in den Journalismus, die Politik und die Pastoral einsteigen. Nach Abschluss des Bakkalaureats (Das Wesen der Frau bei Gertrud von Le Fort) rief mich mein Erzbischof zurück, da die Umstände der Diözese es erforderten. So begann ich unter schwierigsten Umständen, im Familienreferat der Erzdiözese zu arbeiten. Das Studium setzte ich als Literatur- und außerordentlicher Student fort. Nach acht Semestern schloss ich mit dem *Lizenziat rerum familiarum* ab (Der katholische Feminismus bei Johannes Paul II. auf dem Hintergrund der Weltfrauenkonferenz in Peking).

Erzbischof Georg Eder hat schließlich das ganze Referat für Ehe und Familie erneuert, das einzig richtige, was er tun konnte, wie sich immer deutlicher herausstellte. Das Referat arbeitet auf dem Hintergrund der Neuevangelisierung.

Sicht und Sinn vom Leben änderte sich wesentlich

Die intellektuelle Auseinandersetzung mit den vielen Disziplinen hat mich als Person und dann für meine Arbeit unglaublich bereichert. Es hilft mir, allein leben zu können und Zeugnis zu sein für die Vielen, die unfreiwillig durch verschiedene Umstände allein leben und trotzdem ein sinnerfülltes und zufriedenes Leben haben. Diese Berufung angenommen zu haben, bedeutet Friede und Erfüllung für mein Leben. Es macht innerlich froh, die Herausforderung angenommen zu haben, sich von Gott ganz in den Dienst nehmen zu lassen. Diese Arbeit hat mir einen guten und frohen

Umgang mit der ganzen Thematik Liebe gebracht. Darüber nachzudenken, statt zu verdrängen. Für mich fallen Beruf und Berufung zusammen. Das bringt bei aller Anstrengung und vielen Mühen doch eine erfüllende Aufgabe.

Großen Dank an

Felicitas Speer, sie hat mein Buch mitgelesen, korrigiert und ergänzt.

LITERATUR

- Familiaris Consortio, Papst Johannes Paul II., Apostolische Verlautbarung, 1981.

- Communio Personarum: Erlösung des Leibes, Die menschliche Liebe, Familie – Zukunft der Menschheit, Johannes Paul II., Patris Vlg, Vallendar, 1985.

- Spe salvi, Benedikt XVI. Verlautbarungen d. Apost. Stuhles, Nr. 179, 2007.

- Deus Caritas est, Papst Benedikt XVI. Verlautbarungen d. A. S. Nr. 171, 2005.

- Jesus von Nazareth, Teil 1, Papst Benedikt XVI., Verlag Herder 2006.

- Worte zum Leben, Papst Benedikt XVI, Herder 2011.

- Worte der Hoffnung und Ermutigung, Papst Benedikt XVI, Herder 2010.

- Allein leben lernen, Ingrid Trobisch, Brockhaus, vergriffen, 1985.

- Aus gutem Grund, N. u. R. Martin, Schönstatt Verlag, 1997.

- Die Benedikt Option, Benediktregel, fe-Medienverlag, Rod Dreher, 2018.

- Die Lebensalter, R. Guardini, Topos Vlg. 2001, 9. Auflg.

- Die Königswürde des Menschen, Karol Wojtyla, vergriffen. 1997.

- Die ewige Frau, Gertrud v. Le Fort, siehe Le Fort Stiftung.

- Du bist eine starke Frau, I. Trobisch, Brockhaus, 1995., 2. Auflg.

- Die Kirche erwacht in den Häusern, Maria Prügl, 2007, www.ehefamiliebuch

- Der Anfang aller Dinge, Romano Guardini, Grünewald-Schöningh,1987.

- Dynamik der Liebe, A. Laun u M. Eisl, 2017, 3. Auflg. www.ehefamiliebuch

- Familien feiern das Kirchenjahr, Maria Prügl, 2016,Verlag www.ehefamiliebuch

- Frauen brauchen Männer und umgekehrt, R. Bonelli, Kösel Vlg. 2018.

- Die fünf Sprachen der Liebe für Singles, G. Chapmann, Francke.

- Die Schule der Mönche, Peter Seewald, Herder Spektrum, 2003.

- Der persönliche Zyklus der Frau, Josef Rötzer, 2014, www.ehefamiliebuch

- Ganz Mann sein, Hubert Weißenbach, 2011, www.iner.org

- Haus der Geborgenheit, I. Trobisch, Brockhaus,1999.

- Mit Freuden Frau sein, E. Rötzer und I. Trobisch, Herder Vlg. 2013, 10. Auflg.

- Männlicher Narzissmus, Kösel Verlag 2016 Raphaell M. Bonelli, 2016.

- Natürliche Empfängnisregelung, Josef Rötzer, Herder Verlag, 2016, 47. Auflg.

- Perfektionismus, Pattloch Verlag 2014 Raphaell M. Bonelli, 2014.

- Konrad Adenauer, Der Katholik und sein Europa, MM Verlag, 2013.

- Über die Liebe, Josef Pieper, Kösel Verlag, München, 1992, 2. Auflg.

- Von der Selbstverwirklichung zur Selbsterfüllung, V. Frankl, Kassette.

- Welt und Person, Romano Guardini, Grünewald-Schöningh, 1988, 6. Auflg.

Biografie

- 1948 geboren, 2. von 6 Kindern der Eltern Josef und Aloisia Prügl

- 1955–1964 Volkschule

- 1964 Landwirtschaftlicher Lehrling und Mitarbeit im elterlichen Betrieb

- 1970 Diplom Krankenschwester in Linz, KH. Barmherzige Schwestern

- 1972–1978 Zürich, Univ. Klinik, 1974 Diplom Operationsschwester

- 1978 Salzburg, Unfallkrankenhaus

- Insgesamt 23 Dienstjahre als OP-Schwester in Linz, Zürich und Salzburg

- 1976 Sprachkurs an der Universität für Ausländer, in Peruggia, Italien

- 1986 Zertifikat f. Natürliche Empfängnisregelung – Humanae Vitae, J. Rötzer

- 30 Jahre Lehrkraft für Natürliche Empfängnisregelung und Bibl. Anthropologie

- 1990–1996 Studium der Wissenschaften von Ehe und Familie

- 1996 Abschluss mit Lizenziat Rerum familiarum

- 1992 Einstieg im Referat für Ehe und Familie der Erzdiözese Salzburg
- Verantwortlich für Erneuerte Ehevorbereitung, Natürliche Empfängnisregelung, Biblische Anthropologie, Hauskirche.
- 1996–1998 Diplom der Akademie für Familienpädagogik, Schönstatt
- 1998–2006 Familienkommission der Ö. Bischofskonferenz
- 1998 Gründungsglied der Bewegung und Initiative Hauskirche
- 1999 Leitung des Arbeitskreises Familie und Katechese
- Projektleitung der 8-teiligen Religionsbuchreihe „Glaube und Leben"
- 2003 und 2013 Auszeichnung mit dem „Deutschen Schulbuchpreis"
- Autor der 9-teiligen Reihe „Ehe und Familie"
- Seit 1998 Referentin in Radio Horeb, Radio Maria Österreich und KTV
- 2007 Sommer-Sprachkurs für Spanisch an der Universität Pamplona, Spanien
- 2008 Pensionsantritt